Steinbeck | Of Mice and Men

Lektüreschlüssel XL

für Schülerinnen und Schüler

John Steinbeck

Of Mice and Men

Von Birthe Bergmann

Reclam

Dieser Lektüreschlüssel bezieht sich auf folgende Textausgabe:
John Steinbeck: *Of Mice and Men*. Hrsg. von Reinhard Gratzke. Stuttgart: Reclam, 2017 [u. ö.]. (Reclams Universal-Bibliothek Nr. 9253.)

Lektüreschlüssel XL | Nr. 15498
2018 Philipp Reclam jun. Verlag GmbH,
Siemensstraße 32, 71254 Ditzingen
Druck und Bindung: Canon Deutschland Business Services GmbH,
Siemensstraße 32, 71254 Ditzingen
Printed in Germany 2018
RECLAM ist eine eingetragene Marke
der Philipp Reclam jun. GmbH & Co. KG, Stuttgart
ISBN 978-3-15-015498-4

Auch als E-Book erhältlich

www.reclam.de

Inhalt

1. Schnelleinstieg

Autor	John Steinbeck (1902–1968) US-amerikanischer Autor, Pulitzer- und Nobelpreisträger
Entstehung	veröffentlicht 1937
Gattung	»Play-Novelette«: eine Novelle, die auch als Theaterstück aufgeführt werden kann
Ort der Handlung	Soledad, Kalifornien, in der Nähe des Salinas Rivers (südlich von San Francisco)
Zeit der Handlung	Freitagabend bis Sonntagabend
Zeitgeschichtlicher Hintergrund	Amerikanische Wirtschaftskrise (*The Great Depression*), die mit dem Börsencrash 1929 begann und bis in die 1930er andauerte
Verfilmungen	1939 USA, Regie: Lewis Milestone 1968 USA, Regie: Ted Kotcheff 1992 USA, Regie: Gary Sinise

Of Mice and Men ruft bis heute sowohl Befürworter als auch Kritiker auf den Plan. Kaum ein anderer Autor versteht es so gut wie Steinbeck, die Missstände der Farmarbeiter während der *Great Depression* darzustellen. Die in seinen Büchern oft großgeschriebene soziale Ungerechtigkeit, das einfache und ärm-

Novelle: a short novel, novella | **Befürworter:** proponent | **Missstand:** deplorable state of affairs | **großgeschrieben werden:** to be of central importance

liche Leben der landwirtschaftlichen Hilfsarbeiter (*farm hands*) und die Benachteiligung von Frauen, farbigen oder behinderten Menschen konnte Steinbeck daher so gut porträtieren, weil er immer wieder unter ihnen lebte: Als Student verbrachte er jeden Sommer auf den Farmen seiner Heimat in der Nähe von Salinas in Monterey County. Er lebte mit den Arbeitern in Schlafbaracken und teilte sein Essen mit ihnen. Gerade die so lebendig und oft auch unschön abgebildete Realität lässt die Fans jubeln und die Kritiker jammern. Seine Werke seien zu grausam, zu frauenverachtend, zu vulgär. Dass Steinbeck jedoch lediglich die harsche Realität abbildet, macht die besondere Anziehungskraft seiner Werke aus. *Of Mice and Men* (1937) ist neben *In Dubious Battle* (1936) und *Grapes of Wrath* (1939) der zweite Teil seiner Trilogie über die *farm hands* in Kalifornien.

Obwohl das Werk seit seinem Erscheinen immer wieder der Zensur zum Opfer gefallen ist und auch heute noch aus manchen Schulen und Bibliotheken verbannt wird, ist es einer der meistgelesenen Klassiker der Welt.

Benachteiligung von jdm.: discrimination against s.o. | **porträtieren:** to portray | **Schlafbaracke:** bunkhouse, hut, shed | **frauenverachtend:** misogynistic | **vulgär:** vulgar | **harsch:** harsh | **Anziehungskraft:** appeal | **Zensur:** censorship | **verbannen:** to ban

Die Themen Einsamkeit, soziales Ungleichgewicht und Diskriminierung sind nach wie vor so brisant, dass sich eine nähere Auseinandersetzung mit *Of Mice and Men* in jedem Klassenzimmer mehr als lohnt.

Ungleichgewicht: imbalance | **brisant:** highly charged, provocative

2. Inhaltsangabe

Of Mice and Men handelt von den zwei Wanderarbeitern George und Lennie, die ihren Traum von einer eigenen Farm verfolgen, diesen jedoch aufgrund tragischer Ereignisse nicht verwirklichen können.

Das Werk ist in sechs Kapitel unterteilt. Die Handlung erstreckt sich zeitlich von Georges und Lennies Ankunft in der Nähe ihres neuen Arbeitsplatzes, einer Farm, an einem Freitagabend bis zum Sonntag zwei Tage darauf.

Kapitel 1: *Of Mice and Men* beginnt mit der Beschreibung des Abends eines heißen Tages ein paar Meilen südlich von Soledad. Die zwei Wanderarbeiter George, der kleinere und klügere der beiden, und Lennie, ein tumber, schlaksiger Mann, folgen dem Ufer des Salinas Rivers. Sie sind auf dem Weg zu ihrem nächsten Arbeitseinsatz auf einer Farm. Da kein Bus bis dorthin fährt, müssen sie die letzten Meilen zu Fuß gehen und kommen nicht mehr pünktlich am Abend an. Sie beschließen daraufhin, am Ufer zu übernachten.

George schimpft Lennie, da dieser zum wiederholten Mal eine Maus in seine Jackentasche geschmuggelt und diese durch sein zu starkes Streicheln getötet hat. Lennie, der weder seine Kraft noch Tierliebe zügeln

Wanderarbeiter: itinerant worker | **Meile:** mile (*one mile equals 1.61 kilometers*) | **tumb:** simple-minded | **schlaksig:** gawky | **jdn./sich zügeln:** to restrain s.o./oneself

kann und hierdurch eine Maus nach der anderen tötet, kann dies jedoch nicht verstehen. Im Laufe ihres Streits kristallisiert sich heraus, dass sie die letzte Farm verlassen mussten, da Lennie ein Mädchen unzüchtig berührt hatte. Ein Missverständnis, denn dieser wollte lediglich den Stoff ihres Kleides so streicheln, als handle es sich dabei um das Fell einer Maus. Als das verängstigte Mädchen ihn bat aufzuhören und sich losmachen wollte, ließ er nicht von ihr ab, und Lennie und George mussten in einer Nacht-und-Nebel-Aktion augenblicklich von der Farm fliehen. George betont in diesem Zusammenhang, wie einfach sein Leben ohne Lennie als ständigen Begleiter wäre.

■ Lennies Obsession

Vor dem Abendessen bittet Lennie George wie so oft, ihm noch einmal von den Kaninchen zu erzählen. Diese stehen für einen lang gehegten Traum der beiden, und so wiederholt George ihre Zukunftspläne wie ein Mantra: Eines Tages werden sie ein eigenes kleines Haus und ein Stück Land besitzen, von dem sie leben können. Sie werden Gemüse anbauen, Kaninchen und Hühner züchten und ihr eigener Chef sein. George betont jedoch, dass Lennie die Kaninchen nicht versorgen darf, wenn er sie beide erneut in Schwierigkeiten bringt. Er fordert Lennie auf, am kommenden Tag nicht zu sprechen, und George allein

■ Der Traum einer eigenen Farm

herauskristallisieren: to transpire, to emerge | **unzüchtig:** indecent | **Nacht-und-Nebel-Aktion:** cloak-and-dagger operation | **lang gehegt:** long-held, long-time | **Mantra:** mantra

die Verhandlungen mit dem neuen Chef führen zu lassen.

Kapitel 2: Am folgenden Tage erreichen George und Lennie um zehn Uhr die Farm und bekommen zwei Betten in einer Arbeiterbaracke zugewiesen. Als ihr neuer Chef sie begrüßt, wird er misstrauisch, da George auch die an Lennie gerichteten Fragen beantwortet. George jedoch redet sich heraus, indem er erklärt, dass Lennie als Kind von einem Pferd an den Kopf getreten wurde und aufgrund des Unfalls zwar geistig eingeschränkt, aber dennoch stark wie ein Bulle ist. Mit dieser Aussage gibt sich der Chef zufrieden. Auf die Frage, warum sie die letzte Farm verlassen haben, antwortet George, dass sie eine Jauchegrube ausheben sollten und nach getaner Arbeit weitergezogen sind.

Das erste Treffen mit Curley

Kurz nachdem der Chef die Baracke wieder verlassen hat, betritt sein Sohn Curley den Raum. Bereits im ersten Gespräch mit George beginnt er, Streit zu suchen, da Lennie auch ihm nicht antwortet.

Curleys Frau

Als Curley den Raum wieder verlassen hat, erklärt ihnen Candy, ein älterer und kränklicher Arbeiter, dass Curley noch großspuriger geworden ist, seitdem er geheiratet hat. Es stellt sich heraus, dass Curleys Frau allen Männern auf der Farm schöne Augen macht und dies Curley so verunsichert, dass er immer

Verhandlung: negotiation | **misstrauisch:** suspicious | **Jauchegrube:** cesspool | **großspurig:** boastful

aggressiver wird. George erkennt die Schwierigkeit dieser Lage, da Lennie immer wieder Ärger anzieht und eine Frau auf der Farm eine verbotene Versuchung für ihn darstellt. Er bittet Lennie, sich von Curley fernzuhalten und nicht mit ihm zu sprechen. Für den Fall, dass Lennie dennoch etwas Verbotenes anstellen sollte, weist George ihn an, sofort zu flüchten und sich mit ihm an der Uferstelle zu treffen, an der sie die letzte Nacht verbracht haben.

Kurz darauf betritt Curleys Frau die Baracke und erkundigt sich nach dem Aufenthaltsort ihres Manns. Sowohl George als auch Lennie erkennen sofort ihre Schönheit, und Lennie kann seinen Blick nicht von ihr abwenden. Nachdem sie wieder gegangen ist, teilt er George bewundernd mit, wie attraktiv er Curleys Frau findet. George packt daraufhin Lennies Ohr und schüttelt ihn. Er warnt ihn, dass die Frau ihr Untergang sei und dass sich Lennie auch von ihr fernhalten solle, sonst würde sie die beiden ins Unglück stürzen.

Kapitel 3: Am Abend verrät George Slim, dem Haupttreiber eines Maultiergespanns, warum sie die letzte Farm in Weed verlassen mussten. Dieser verspricht, das Geheimnis für sich zu behalten.

Lennies Welpe

Währenddessen hält sich Lennie mit einem Hundewelpen in der Scheune auf, den er von Slim geschenkt bekommen hat. Als Lennie wieder die Bara-

Versuchung: temptation | **Untergang:** downfall, ruin | **Treiber eines Maultiergespanns:** jerkline skinner

cke betritt und sich auffällig verhält, ist George sofort klar, dass er seinen Welpen in die Schlafunterkunft geschmuggelt hat. George schimpft ihn und macht ihm zum wiederholten Mal klar, dass der frisch geborene Welpe ohne seine Mutter sterben wird. Da Lennie den Hund nicht weiterhin gefährden möchte, rennt er aus der Baracke und bringt das Tier zurück zu dessen Mutter in die Scheune.

Candys alter Hund

Zur selben Zeit trifft Candy mit seinem alten, kranken Hund ein. Als daraufhin Carlson, ein weiterer Arbeiter, den Raum betritt, beginnt er sofort über den Gestank des alten Hundes zu schimpfen und bittet Candy diesen zu erschießen. Sollte Candy sich nicht dazu in der Lage sehen, so würde auch er diese Aufgabe übernehmen. Obwohl Candy betont, dass er viele Jahre mit dem Hund verbracht hat, dass er ein guter Hirtenhund war und er ihn nicht hergeben möchte, nur, weil er alt und blind ist, lässt er sich von Carlson, vorgeblich zum Wohle des leidenden Tieres, schweren Herzens überreden. Carlson nimmt den Hund mit nach draußen und erschießt ihn.

Eine Farm steht zum Verkauf

Später am Abend unterhalten sich George und Lennie über die Farm eines alten Ehepaars, die aufgrund einer anstehenden Operation der Frau nun zum Verkauf steht. Lennie bittet George, ihm wie so oft von ihrer erträumten Farm zu erzählen. George beschreibt sie daraufhin als ein Grundstück mit zehn Morgen

sich in der Lage sehen, etw. zu tun: to think oneself capable of doing s.th. | **Hirtenhund:** sheepdog | **schweren Herzens:** with a heavy heart | **Morgen:** acre (*roughly 4047* m^2)

Land, einer kleinen Windmühle, einer kleinen Hütte und einem Hühnerauslauf. Darüber hinaus gibt es eine Küche, einen Obstgarten und genug Wasser, um diesen zu pflegen. George spinnt den Gedanken weiter und sagt, dass sie Schweine halten, Lachse fangen und eine Räucherei bauen könnten. Die Früchte und das Gemüse würden sie einmachen und jeden Sonntag ein Huhn oder ein Kaninchen schlachten. Sie hätten ein kleines Haus für sich und im Winter könnten sie es mit einem gusseisernen Ofen warm halten.

Candy wird Teil des Plans

Während Georges Ausführungen hört Candy ganz genau zu und fragt im Anschluss, ob er sein Geld beisteuern könne und mit ihnen mitkommen dürfe. Er würde sich um den Haushalt und alle anderen kleinen Angelegenheiten kümmern. Da Candy mit ansehen musste, was man mit seinem alten Hund gemacht hat, fürchtet er nun, dass ihn dasselbe Schicksal ereilen wird, sobald er gar nicht mehr arbeiten kann.

Zu dritt beschließen sie, noch diesen Monat zu arbeiten und dann mit ihrer gesamten Lohnzahlung und dem zusätzlichen Geld, das Candy auf der Bank hat, die Farm zu kaufen. Sie vereinbaren, Stillschweigen darüber zu bewahren.

Kurz darauf betritt Curley die Baracke und erkundigt sich wieder einmal nach seiner Frau. Da ihn aufgrund seiner überzogenen Eifersucht niemand mehr

Windmühle: windmill | **Hühnerauslauf:** chicken run | **Obstgarten:** orchard | **Räucherei:** smokehouse | **gusseiserner Ofen:** iron stove | **Lohnzahlung:** paycheck | **überzogen:** exaggerated

ernst nimmt und Slim ihn auch noch zurechtweist und erklärt, er solle seiner Frau klarmachen, zu Hause zu bleiben, wird Curley wütend. Lennie ist währenddessen immer noch in Gedanken bei der eigenen Farm und lächelt dabei. Deshalb denkt Curley, er würde ihn auslachen. Er lässt seine Wut an Lennie aus und schlägt ihm mit der Faust auf die Nase und in den Magen. Als George Lennie mehrfach auffordert zu reagieren, umfasst dieser Curleys Hand und bricht ihm die Knochen, bevor er von ihm ablässt. Gemeinsam zwingen die Arbeiter Curley, zu behaupten, er wäre mit seiner Hand in eine Maschine geraten, denn dann würden sie niemandem die beschämende Wahrheit über die Verletzung erzählen.

■ Curley schlägt Lennie

Kapitel 4: Crooks, der auf der Farm der einzige farbige Arbeiter ist und aufgrund seiner Hautfarbe nicht mit den anderen Arbeitern in einem Haus schlafen oder auch nur deren Baracke betreten darf, sitzt am Samstagabend alleine in seinem kleinen Zimmer in einem Schuppen hinter der Scheune, das er penibel ordentlich und sauber hält.

Lennie, der seinen Welpen in der Scheune besucht hat, wird auf das Zimmer aufmerksam und nähert sich der Tür. Als Crooks ihn dort erwischt, will er Lennie zunächst wegschicken, so wie es ihm selbst ergeht, wenn er in die Nähe der Baracke der anderen Ar-

■ Lennie besucht Crooks in dessen Zimmer

jdn. für etw. zurechtweisen: to reprimand s.o. for s.th. | **von jdm. ablassen:** to let s.o. be | **beschämend:** embarrassing | **penibel:** meticulous

beiter kommt. Lennie verwickelt ihn jedoch in ein Gespräch über seinen Welpen und geht dabei langsam immer weiter in den Raum. Crooks lässt ihn gewähren und bittet ihn schlussendlich sogar hinein. Während alle anderen Arbeiter außer Lennie, dem alten Candy und Crooks in einem Freudenhaus in der Stadt sind, beginnen die beiden, sich zu unterhalten.

Crooks verunsichert Lennie

Als Crooks anfängt, Lennie damit zu quälen, dass George alleine losgezogen sei und aus irgendeinem Grund nicht mehr zurückkommen könne, plaudert Lennie seinen geheimen Plan aus, mit George und Candy auf einer eigenen kleinen Farm zu leben. Crooks verlacht ihn und sagt, er habe schon Hunderte von Wanderarbeitern mit denselben Träumen kommen und gehen sehen und aus keinem von ihnen sei jemals etwas geworden. In diesem Augenblick kommt Candy, der Lennie sucht, hinzu, und versichert die Ernsthaftigkeit der gemeinsamen Pläne.

Curleys Frau flirtet mit Lennie

Wenig später betritt Curleys Frau Crooks' Zimmer und fragt, ob jemand Curley gesehen habe. Als Crooks und Candy kein Interesse an einer Konversation mit ihr zeigen und sie bitten, das Zimmer zu verlassen, beginnt sie, Lennie schöne Augen zu machen. Als sich die Situation zuspitzt, kehren glücklicherweise die anderen Arbeiter von ihrem Besuch im Freudenhaus zurück, und George sucht nach Lennie.

jdn. in ein Gespräch verwickeln: to engage s.o. in conversation | **Freudenhaus:** brothel

Der tote Welpe

Kapitel 5: Am darauffolgenden Sonntagnachmittag sitzt Lennie in der Scheune und betrachtet den toten Welpen in seiner Hand. Er fragt ihn, wie es sein könne, dass er ihn so einfach umbringen konnte, denn Hunde seien doch robuster als Mäuse. Seine Hauptsorge gilt jedoch den potentiellen Kaninchen, die er nun sicher nicht mehr versorgen dürfe. Aus seiner Furcht vor diesem Verbot wird Wut. Er nimmt den toten Welpen, schleudert ihn von sich und dreht ihm den Rücken zu.

Curleys Frau kommt in die Scheune

In diesem Moment kommt Curleys Frau in die Scheune. Aus Angst, dass sein Fehlverhalten entdeckt werden könnte, schaufelt er Stroh über den Welpen. Als Curleys Frau ihn anspricht, betont Lennie, dass George ihm verboten habe, mit ihr zu reden. Sie jedoch erwidert, dass alle anderen draußen ein Hufeisen-Wettwerfen abhalten würden und dass sie schrecklich einsam sei. Sie erzählt ihm, dass sie Curley nicht möge, da er kein netter Mensch sei.

Das Schicksal nimmt seinen Lauf …

Als sie ihn fragt, warum Lennie Kaninchen so sehr liebe, gibt er zu, dass er gerne Dinge streichle. Sie kann dies nachvollziehen und erzählt, dass sie sich oft mit ihren Händen durch ihre Haare fahren würde, da sie so weich seien, und sie bietet Lennie an, sie anzufassen.

Als er immer fester zupackt, schreit sie ihn an, er solle aufhören, da er ihre Frisur ruiniere. Aus Angst,

robust: robust | **Fehlverhalten:** aberrant behaviour | **Hufeisen-Wettwerfen:** horseshoe tournament

gehört zu werden, drückt Lennie ihr seine Hand auf Mund und Nase und bittet sie, mit dem Schreien aufzuhören, weil George ihn sonst nicht die Kaninchen versorgen lassen würde. Da sie aber nicht aufhört, fängt er an, sie zu schütteln, und bricht ihr dabei das Genick. In seiner Panik erinnert Lennie sich daran, dass er sich, sollte er etwas Schlimmes angestellt haben, im Unterholz am Ufer des Salinas River verstecken solle, bis George zu ihm stoßen würde. Leise schnappt er sich den toten Welpen und verschwindet ungesehen aus der Scheune.

■ Lennie tötet Curleys Frau

Auf der Suche nach Lennie findet Candy die tote Frau im Stroh und holt George zur Hilfe. Als dieser erkennt, was Lennie getan hat, sagt er, dass sie den anderen Bescheid geben und Lennie ins Gefängnis bringen müssten. Er ist sich sicher, dass Lennie sonst in der Wildnis verhungern würde. Candy gibt jedoch zu bedenken, dass Curley ihn erschießen würde, sobald er ihn gefunden habe, und George muss ihm recht geben.

■ Candy findet Curleys Frau

Als die anderen hinzukommen, fällt Carlson auf, dass seine Pistole verschwunden ist. Er geht davon aus, dass Lennie sie gestohlen hat. George schickt den Suchtrupp auf eine falsche Fährte Richtung Süden, wohl wissend, dass Lennie in Richtung Norden gegangen sein muss, um zum vereinbarten Treffpunkt am Salinas River zu gelangen.

■ Die Suche nach Lennie beginnt …

Unterholz: undergrowth | **Suchtrupp:** search party

Kapitel 6: Am späten Nachmittag desselben Tages findet George Lennie im Unterholz des Flusses. Er beteuert, dass er nicht wütend auf Lennie sei, und bittet ihn, während sie nebeneinandersitzen, auf das kleine Flussbecken vor ihnen zu blicken.

Dann beginnt er erneut, von ihrem Traum einer eigenen Farm zu erzählen. Als Lennie in Träumen schwelgend auf das Wasser starrt, positioniert George Carlsons Waffe an Lennies Hinterkopf. Während er weiter ruhig und monoton auf ihn einredet, hört er bereits im Hintergrund die anderen Männer näherkommen. Bevor diese sie erreichen können, drückt er ab und erschießt Lennie, so dass dieser stirbt, ohne eine Bedrohung kommen gesehen zu haben. Einen Moment später treffen Slim und Carlson ein, die fragen, ob Lennie die Waffe hatte und George sie ihm weggenommen und ihn damit erschossen habe. George bejaht beide Fragen.

■ George erschießt Lennie

Flussbecken: river basin | **in Träumen schwelgen:** to indulge oneself in dreams | **monoton:** monotonously (*Adv.*) | **Bedrohung:** threat

3. Figuren

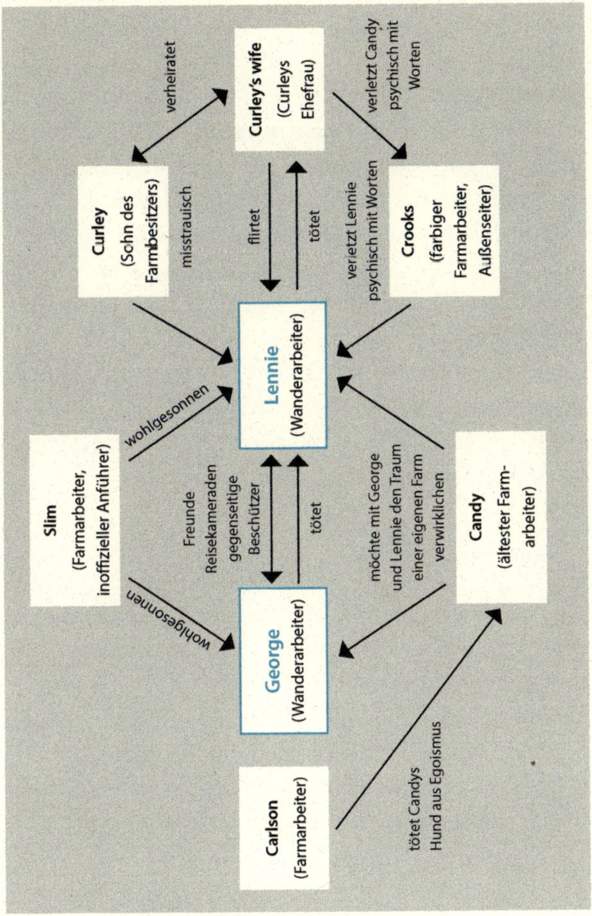

Abb. 1: Figurenkonstellation

In *Of Mice and Men* treten insgesamt zehn Figuren auf, die alle einen unterschiedlich starken Einfluss auf die sich anbahnende Katastrophe haben. Keine der Figuren ist zufällig gewählt, jeder (bis auf den Chef und einen jungen Arbeiter namens Whit, die jeweils nur ein einziges Mal auftreten) kommt eine entscheidende Rolle zu. Unterschieden werden kann zwischen dem Boss der Farm, seinem Sohn Curley und Curleys Frau auf der obersten Stufe der Hierarchie. Ihnen folgen die Arbeiter Slim, Candy, Carlson, Whit, George und Lennie. An unterster Stelle steht der farbige Arbeiter Crooks.

Fast alle Figuren haben sprechende Namen, die im Folgenden näher erläutert werden.

George und Lennie sind als die beiden Protagonisten des Stücks zu sehen.

George

George Milton, einer der beiden Wanderarbeiter, wird als klein und schnell, mit einem dunklen, kantigen und ausdrucksstarken Gesicht mit rastlosen Augen beschrieben. Sein Körper ist definiert mit schlanken Armen und kleinen, starken Händen (S. 5). Er trägt eine Jeanshose und -jacke mit Messingknöpfen und einen schwarzen, unförmigen Hut.

anbahnen: to be in the making, to loom | **Hierarchie:** hierarchy | **sprechender Name:** telling name | **rastlos:** restless

George ist der Clevere der beiden und Lennies Beschützer. Obwohl Lennie wesentlich stärker ist als George, ist Lennies Mangel an Intelligenz ihm immer ein Hindernis. Daher fällt George alle Entscheidungen für die beiden. Nachdem Lennies Tante Clara, die bis dato auf Lennie aufgepasst hatte, gestorben war und sich niemand mehr um Lennie kümmern konnte, nahm sich George seiner an und begab sich mit ihm auf Wanderschaft. Da Lennie jedoch geistig auf dem Niveau eines Kleinkinds zurückgeblieben ist, muss George ihn wie ein solches erziehen. Wichtige Informationen beispielsweise lässt George Lennie jeweils drei Mal wiederholen, so dass dieser sie sich merken kann: »Good boy. That's swell. You say that over two, three times so you sure won't forget it« (S. 11).

■ George als Beschützer

Oft jedoch hadert George damit, Lennies inoffizieller Vormund zu sein, besonders wenn Lennie sie wieder in Schwierigkeiten gebracht hat: »I could get along so easy and so nice if I didn't have you on my tail. I could live so easy and maybe have a girl« (S. 11). Obwohl er als sehr integer und Lennie gegenüber als absolut loyal auftritt, scheint er also mit seiner Rolle als selbsternannter Betreuer oft zu kämpfen. Dies äußert sich unter anderem auch in Schimpfwörtern, die er Lennie an den Kopf wirft, z. B. »You crazy son-of-a-bitch. You keep me in hot water all the time« (S. 17). Es scheint jedoch auch, als versuche er mit dem Einsatz

■ Georges Frust

Hindernis: hindrance, obstacle | **mit etw. hadern:** to quarrel with s.o. or s.th. | **Vormund:** (legal) guardian

dieser Schimpfwörter zu verhehlen, wie gerne er als gestandener Mann Lennie in Wirklichkeit mag.

Die Beichte

George beichtet Slim, dass er früher in seiner Jugend nicht so nett zu Lennie war, dass er ihm immer Streiche spielte und sich neben dem stupiden Lennie sehr clever vorkam. Er gibt sogar zu, ihn verprügelt zu haben, doch Lennie hat im Gegenzug niemals die Hand gegen ihn erhoben. Als sich die Situation dann eines Tages dramatisch zuspitzte, indem er Lennie durch sein Verhalten in Gefahr brachte, beschloss George, ihn nicht weiter zu quälen: Die beiden standen zusammen mit ein paar anderen Männern am Ufer des Sacramento River. Obwohl George wusste, dass Lennie nicht schwimmen kann, befahl er ihm in den Fluss zu springen. Und da Lennie keine von Georges Anweisungen hinterfragt, sprang er in das Wasser. An diesem Tag konnten sie ihn gerade noch retten, und als George Lennie aus dem Wasser gezogen hatte, bedankte sich dieser überschwänglich für die Hilfe, da er bereits vergessen hatte, dass es George war, der ihm befahl zu springen. Dieser Vorfall öffnete George die Augen und machte ihm klar, wie sehr ihn Lennie als Beschützer braucht.

Beziehung gegen die Einsamkeit

Normalerweise ziehen Wanderarbeiter alleine durch die Lande, George betont jedoch, warum er lieber mit einem Gefährten reist:

beichten: to confess s.th. to s.o. | **zuspitzen:** to escalate | **überschwänglich:** effusively (*Adv.*) | **Gefährte:** companion

»Guys like us, that work on ranches, are the loneliest guys in the world. They got no fambly. They don't belong no place. […] We got somebody to talk to that gives a damn about us. We don't have to sit in no bar room blowin' in our jack jus' because we got no place else to go. If them other guys gets in jail they can rot for all anybody gives a damn. But not us.« (S. 20 f.)

Obwohl ihm Lennie oft ein Klotz am Bein ist, bevorzugt es George, in seiner Gesellschaft zu reisen und jemanden bei sich zu haben, der sich um ihn sorgt. Darüber hinaus hält Lennie ihn davon ab, sein Geld aus Frust alleine abends in der Stadt auszugeben. Die Angst davor, so zu werden wie die anderen Wanderarbeiter, und die drohende Einsamkeit erscheinen schlimmer als eine anstrengende Partnerschaft mit Lennie.

Der Traum von der eigenen Farm

Gemeinsam hegen sie den Traum von einer eigenen Farm, auf der sie Getreide, Obst und Gemüse anbauen und Tiere halten können. Dieser gemeinsame Traum treibt sie dazu an, immer weiter zu arbeiten, ihr Geld zu sparen und es nicht, wie viele der anderen Arbeiter, in der Stadt zu verpulvern: »They come to a ranch an' work up a stake and then they go into town and blow their stake, and the first thing you know

ein Klotz am Bein sein: to be a millstone round s.o.'s neck | **Frust:** frustration | **einen Traum hegen:** to nurture a dream | **Geld für etw. verpulvern:** to splurge (money) on s.th.

they're poundin' their tail on some other ranch. They ain't got nothing to look ahead to. [...] With us it ain't like that. We got a future« (S. 20). Die Hoffnung auf eine bessere Zukunft unterscheidet sie von den meisten anderen.

George wird unfreiwillig zum Mörder

Nachdem Lennie Curleys Frau getötet hat und die Arbeiter ihn zusammen mit Curley suchen, um ihn zu töten, beschließt George schweren Herzens ihnen zuvorzukommen und Lennie möglichst schmerzfrei und ohne große Aufregung für diesen zu töten. Bei Lennies Versteck angekommen, erzählt er ihm erneut von ihrem Traum einer eigenen Farm, um ihn abzulenken. Die Hoffnung, mit Lennie abzuhauen und verdeckt ein Leben auf der Flucht zu führen, hat er an diesem Punkt anscheinend aufgegeben. Jedoch rettet er Lennie, indem er ihn tötet, vor dem sich nähernden Mob, der ihn höchstwahrscheinlich zuvor noch quälen würde.

Lennie

Lennie, das Kind

Lennie Small ist äußerlich das genaue Gegenteil von George: Er trägt zwar die gleiche Kleidung, ist jedoch sehr groß, mit einem formlosen Gesicht, blassen Augen und hängenden Schultern. Beim Gehen lässt er seine Füße schleifen und seine Arme lose hinunterhängen. Sein kindlicher Vorname passt insofern zu ihm, als Lennie mehr einem Kind als einem erwachsenen Mann ähnelt. Sein Nachname Small wiederum, der überhaupt nicht zu seiner Erscheinung passt, entspricht seinem Gemüt und seiner geistigen Entwicklung.

Lennies Offenheit

Lennie hat durch sein kindliches Verhalten eine Art an sich, die die Leute unwillkürlich ihre Schutzmechanismen vergessen lässt und direkt zu ihnen vordringt. So begeistert er Candy für den Traum einer eigenen Farm, ohne dies aktiv zu wollen. Er interessiert sich nicht für Rassentrennung und wird von Crooks als einziger Arbeiter in dessen Zimmer eingeladen. Auch in Curleys Frau sieht er nicht nur das gefahrbringende Flittchen wie die anderen, sondern kommuniziert völlig arglos mit ihr. Sowohl sie als auch Crooks öffnen sich ihm und erzählen Lennie von ihrem Schicksal.

George als Vorbild

Lennie sieht George oft als Vorbild und ahmt seine Handlungen möglichst detailgetreu nach: »Lennie, who had been watching, imitated George exactly. He pushed himself back, drew up his knees, embraced them, looked over to George to see whether he had it just right. He pulled his hat down a little more over his eyes, the way George's hat was« (S. 7). Überhaupt sind alle Handlungen Lennies von George geleitet, sei es als Abkupfern seiner Bewegungen oder der Einhaltung von Georges Regeln. Situationen, in denen sich Lennie nicht an Georges Vorgaben hält, enden meist in einer Katastrophe.

Gemüt: disposition | **Flittchen:** floozie | **jdn./etw. nachahmen:** to imitate s.o. or s.th.

Lennie, das Tier

Auffällig sind die vielen Textstellen, an denen Lennie mit einem Tier verglichen wird: »[He] drank with long gulps, snorting into the water like a horse« (S. 5); »Lennie dabbled his big paw in the water« (S. 6); »Slowly, like a terrier who doesn't want to bring a ball to its master, Lennie approached« (S. 14). Diese Vergleiche rühren daher, dass Lennie ohne jeglichen gesunden Menschenverstand zu agieren scheint. Vielmehr noch sind seine Taten, ähnlich denen eines Tieres, oft triebgesteuert. Dieser Drang nach der Erfüllung eines Triebes, gepaart mit einem Mangel an Intelligenz und Sensibilität, hat bereits in der Vergangenheit zu Problemen geführt und leitet auch auf der neuen Farm die Katastrophe ein.

Lennies Obsession

Lennie hat eine nicht zu bändigende Leidenschaft für weiche Oberflächen. Auf der vorherigen Ranch hat ihn das dazu verleitet, das weiche Kleid eines Mädchens so stark zu streicheln, dass dieses sich angegriffen fühlte und lautstark zu schreien anfing. Statt sie unsittlich zu berühren, wollte Lennie jedoch nur den Stoff ihres Kleides befühlen.

Die Kaninchen

Ähnlich verhält es sich mit dem Fell von Tieren, besonders von Kaninchen und Mäusen. Lennie tötet unzählige Mäuse, da er deren Fell streicheln möchte, aber dabei seine Kraft nicht einschätzen kann. Dieser Grobheit fallen die Nager reihenweise zum Opfer.

gesunder Menschenverstand: common sense | **nicht zu bändigen:** untameable | **unsittlich:** indecently, immorally (*Adv.*) **Grobheit:** roughness

In der Hoffnung, Lennie könne größere Tiere, sprich Kaninchen, streicheln, ohne sie zu verletzen, verspricht ihm George, dass er auf der von ihnen erträumten Farm Kaninchen versorgen dürfe. Die Züchtung und Haltung dieser Kaninchen entwickelt sich schnell zu Lennies obsessiv verfolgtem Lebenstraum, von dem er alle nachfolgenden Entscheidungen und Handlungen abhängig macht.

Um den Umgang mit einem Tier zu üben und ihn davon abzulenken, weiter Mäuse zu suchen, überlässt ihm Slim auf Georges Bitte hin einen Welpen. Aber auch diesen bringt Lennie in Gefahr, da er sich Georges Anweisung widersetzt und ihn bereits einen Tag nach der Geburt von seiner Mutter trennt. Schlussendlich tötet er ihn beim Spielen sogar versehentlich: »I was jus' playin' with him … an' he made like he's gonna bite me … an' I made like I was gonna smack him … an'… an' I done it. An' then he was dead« (S. 110). Auch hier ist Lennie erneut nicht in der Lage, seine eigene Kraft einzuschätzen.

■ Der Welpe

Dieser konstanten Fehleinschätzung fällt auch Curleys Frau zum Opfer: Sie bietet Lennie an, ihre Haare anzufassen und zu fühlen, wie weich sie seien. Als Lennie jedoch triebgesteuert nicht mehr loslassen kann, fängt sie an zu schreien, und Lennie bricht ihr aus Panik das Genick. Eigentlich wollte er sie jedoch nur von weiterem Schreien abhalten. So macht ihn

Züchtung: breeding | **Fehleinschätzung:** misjudgment, misinterpretation

Lennie als Mörder

sein instinktgeleitetes Verhalten letzten Endes zu einem Mörder.

Lennie als argloses Wesen

Dass sexuelle Gedanken bei Lennies Übergriffen auf die beiden Frauen keine Rolle spielen, beweist nicht nur seine Obsession in Bezug auf weiche Oberflächen, sondern auch, dass er Curleys Frau mit »sir« (S. 109) anspricht. Zwar findet er sie schön (»She's purty«, S. 44), hegt aber offensichtlich keinerlei sexuelle Gefühle Frauen gegenüber.

Curley

Curley ist der Sohn des Farmbesitzers. Er ist jung, klein, hat ein braungebranntes Gesicht, braune Augen und gelockte Haare, daher der Name Curley. Er war früher ein recht erfolgreicher Boxer in der Klasse der Leichtgewichtler. Seine derzeitige Aufgabe auf der Farm wird nicht näher beschrieben. Es scheint jedoch so, als wäre er den ganzen Tag auf der Suche nach seiner Frau oder schikaniere die Arbeiter.

Unsicherheit

Durch die Heirat mit seiner Frau wurde Curley laut Candys Aussage noch großspuriger. Da diese sich jedoch den ganzen Tag auf der Farm herumtreibt und den Arbeitern schöne Augen macht, wird Curley immer unsicherer und dadurch auch aggressiver. Seine Unsicherheit zeigt sich auch dadurch, dass er an seiner linken Hand einen Handschuh voll mit Vaseline trägt.

instinktgeleitet: instinctive | **Leichtgewichtler:** lightweight

Dieser soll dazu dienen, die Haut geschmeidig zu halten, für seine Frau.

Der auffällige Name Curley, bezogen auf ein offensichtlich eher weibliches Merkmal, die lockigen Haare, gepaart mit seinem aufbrausenden, unruhigen Verhalten, seiner geringen Körpergröße und dem Handschuh voller Vaseline, lassen ihn wenig männlich erscheinen. Dies steht im absoluten Kontrast zu dem recht erfolgreichen Boxer, der er einmal war.

■ Der Name Curley

Auffällig ist seine stete Suche nach Streit. Jedes Mal, wenn er die Baracke der Arbeiter betritt, ist seine Stimmung schlecht. So auch bei seinem ersten zufälligen Treffen mit George und Lennie:

■ Auf der Suche nach Streit

> »His eyes passed over the new men and he stopped. He glanced coldly at George and then at Lennie. His arms gradually bent at the elbows and his hands closed into fists. He stiffened and went into a slight crouch. His glance was at once calculating and pugnacious« (S. 34 f.).

Candy sagt: »Seems like Curley ain't givin' nobody a chance« (S. 37). Curley ist es auch, der nach dem Mord an seiner Frau augenblicklich Lennie in Verdacht hat und diesen sofort jagen und erschießen möchte: »I'm gonna get him. I'm going for my shotgun. I'll kill the big son-of-a-bitch myself. I'll shoot 'im in the guts«

aufbrausend: short-tempered | **im Kontrast stehen:** to be in contrast to

(S. 121). Da Lennie als Einziger nicht am Hufeisen-Wettbewerb teilgenommen hat, ist sich Curley ganz sicher, dass es niemand außer ihm gewesen sein kann.

Curleys Frau

Auffällig ist, dass Curleys Ehefrau namenlos bleibt (als einzige Figur neben dem Chef, der jedoch als Nebenfigur keine Rolle spielt). Dies soll bereits ihre untergeordnete und unbedeutende Stellung in der Männerdomäne der Farm andeuten.

Curleys Frau stammt aus Salinas, einer Stadt in der Nähe der Farm. Als Fünfzehnjährige wurde sie von einem Schauspieler einer fahrenden Truppe angesprochen. Er sagte, sie könne ein Teil der Show werden, ihre Mutter jedoch verbat ihr mitzugehen. Später traf sie einen Mann, der beim Film arbeitete und der ihr sagte, er würde sie nach Hollywood auf die große Leinwand bringen, da sie ein Naturtalent sei. Er versprach, ihr zu schreiben, wenn er zurück in Hollywood sei. Sie erhielt jedoch nie einen Brief. Als sie ihre Mutter fragte, ob sie den Brief gestohlen habe und diese die Frage mit »nein« beantwortete, brach für sie eine Welt zusammen. An diesem Abend begegnete sie Curley und heiratete ihn anschließend. Sie gibt jedoch in einem Gespräch mit Lennie zu, Curley nicht zu mögen, da er kein netter Mann sei (S. 111 f.).

■ Ein naiver Traum

Männerdomäne: male domain | **Leinwand:** silver screen | **Naturtalent:** natural

Trotz des Lebens auf der Farm pflegt sie ihr Äußeres weiterhin so, als würde sie in einer großen Stadt wohnen. Sie hat volle, mit rotem Lippenstift betonte Lippen, große, stark geschminkte Augen und rot lackierte Fingernägel. Obwohl sie nur absatzlose Pantoffeln trägt, so sind diese doch über dem Spann mit roten Straußenfedern verziert. Alles in allem erweckt Curleys Frau auch mit ihrem Äußeren weiterhin den Anschein, dem Traum vom glamourösen Hollywood nachzujagen, anstatt sich ihrer Situation auf der Farm anzupassen.

■ Schönheit

Da sie Curley offensichtlich nur mangels besserer Alternativen und zwecks Absicherung ihrer Zukunft durch die Farm geheiratet hat, ist sie sehr einsam. Aus diesem Grund zieht sie jeden Tag unstet durch die Gebäude der Farm, in der Hoffnung, einen Ansprechpartner zu finden.

■ Einsamkeit

Leider ist ihre Taktik hierbei nicht sehr wohlüberlegt: Als sehr schöne Frau flirtet sie mit jedem der Männer, um überhaupt jemanden zu finden, der mit ihr spricht. Da aber jeder der Arbeiter Angst vor Curleys Reaktion und einem Rausschmiss hat, wird sie kollektiv abgelehnt. Lediglich Slim scheint ab und zu mit ihr zu sprechen. Candy bezeichnet sie als »Flittchen« (S. 39) und George sagt: »[…] I never seen no piece of jail bait worse than her. […] she's a rattrap if I

■ Die Suche nach Aufmerksamkeit

Spann: instep | **Straußenfeder:** ostrich feather | **Absicherung:** safety net | **wohlüberlegt:** considered, well-thought-out | **Rausschmiss:** sacking

ever seen one« (S. 44 f.). Ihr unreflektiertes Flirten auf der Suche nach Aufmerksamkeit und das Nicht-Einhalten von Grenzen, sei es räumlich oder auf Personen bezogen, wird ihr im Falle Lennies schlussendlich zum Verhängnis.

Candy

Candy ist der älteste Arbeiter auf der Farm. Seine Aufgabe besteht darin, die Arbeiterbaracke sauber zu halten.

Candys Hund

Candy wird stets von seinem alten und blinden Hund begleitet, der ihm früher beim Schafe hüten gedient hat. Carlson, ein weiterer Arbeiter, betont jedoch, dass der Hund ausgesprochen stark stinke und so krank sei, dass Candy dem Hund einen Gefallen täte, wenn er ihn erschieße. Das bringt Candy zwar nicht selbst übers Herz, er lässt sich aber von Carlson überreden, dass dieser das Tier erschießen darf. Candy, der seinen Hund immer als treuen Gefährten sah, scheint dies das Herz zu brechen, doch er zeigt seine Gefühle aus Angst vor der zu erwartenden Geringschätzung der anderen Arbeiter nicht.

Da Candy alt ist und aufgrund eines Arbeitsunfalls nur noch eine Hand hat, fürchtet er nun, dass es ihm wie dem alten Hund ergehen könnte, der ausgedient

jdm. zum Verhängnis werden: to spell doom for s.o. | **Geringschätzung:** contempt

hatte und für den kein Verwendungszweck mehr existierte. Als er zufällig von Georges und Lennies Traum einer eigenen Farm erfährt, bietet er ihnen seinen nächsten Lohn und sein Erspartes auf der Bank an, wenn er mit ihnen kommen und sich um das Haus kümmern dürfe. Zunächst ist George skeptisch, aber da Candy das noch fehlende Geld aufbringen könnte, stimmt er zu.

Investition in Georges und Lennies Traum

Candy ist es auch, der die tote Frau findet und zuerst George Bescheid gibt, um zu beratschlagen, was zu tun sei. Auch ihm ist sofort klar, dass es sich bei dem Täter nur um Lennie handeln kann. George schlägt vor, den Fund den anderen zu melden, dann zusammen mit ihnen Lennie zu suchen und ihn ins Gefängnis sperren zu lassen. Candy jedoch sieht die Dinge realistischer und macht George klar, dass die anderen Lennie töten werden, sobald sie ihn finden. Er hält George noch einige Minuten den Rücken frei, so dass dieser wieder in der Baracke verschwinden kann, um nicht selbst verdächtigt zu werden. Obwohl Candy in diesem Moment klar wird, dass sie ihren Traum einer gemeinsamen Farm begraben müssen, hält er dennoch loyal zu George.

Der Komplize

Slim

Slim ist ein Maultierführer, der bis zu zwanzig Maultiere mit nur einem Zügelriemen lenken kann. Er ist groß, hat langes, dunkles Haar und große, ha-

Verwendungszweck: purpose

gere Hände. Der Name »Slim« entspricht seiner Statur. Seine Augen werden als gottähnlich beschrieben. Sein Alter lässt sich nicht richtig einschätzen, liegt aber wahrscheinlich zwischen 35 und 50 Jahren.

Der Anführer der Arbeiter

Slim ist der inoffizielle Anführer der Farmarbeiter. Er wird als der »Prinz der Farm« (»He was a jerkline skinner, the prince oft he ranch«, S. 46) bezeichnet. Darüber hinaus werden ihm geradezu sagenhafte Fähigkeiten nachgesagt, und er bewegt sich auch dementsprechend: »[…] he moved into the room, and he moved with a majesty achieved only by royalty and master craftsmen« (S. 46). Von ihm wird gesagt, dass er mit einer Peitsche eine Fliege auf dem Hintern eines Maultiers töten könne, ohne auch nur das Maultier zu berühren (ebd.).

Slims Autorität

Nicht nur aufgrund seines Status, sondern auch wegen seiner Nettigkeit und seines Verständnisses für die Probleme der Arbeiter, wird Slim als Autoritätsperson bei allen Themen um Rat gefragt.

Slim als Richter

Wenn er spricht, schweigen die anderen. Seine Entscheidungen sind Gesetz. Sogar Curley scheint Respekt vor ihm zu haben: Als dieser sich mit Lennie prügelt und Lennie Curleys Hand zertrümmert, richten sich alle Blicke auf Slim, der entscheidet, was nun passiert. Er beschließt, dass Curley sagen soll, er sei mit seiner Hand in eine Maschine geraten, und werde

Statur: frame | **gottähnlich:** God-like | **sagenhaft:** marvellous | **Peitsche:** whip | **Autoritätsperson:** authority figure

nun von ihnen zur Versorgung der Verletzung nach Soledad gefahren. Er befiehlt Curley, Stillschweigen über Lennies Tat zu bewahren, und dieser stimmt ohne Widerrede zu.

Slim als Beichtvater

Slim ist es auch, dem George anvertraut, wie er Lennie früher gequält hat und weshalb sie die letzte Farm verlassen mussten. Trotz seiner richterähnlichen Funktion scheint Slim nicht über ihn zu urteilen, sondern ihn zu verstehen. Er sagt, dass er Lennie als netten Menschen einstuft und dieser dafür nicht klug sein muss. Es ist ebenso Slim, der nach Georges Mord an Lennie als Erster eintrifft und George vom Tatort wegzieht. Er scheint der Einzige des Suchtrupps zu sein, der Georges Schmerz erkennt und versteht.

Empathie

Die ihm eigene Empathie zeigt sich auch, als Carlson Candys Hund erschießt. Es ist Slim, der Carlson sagt, er solle eine Schaufel mitnehmen, um den Hund ordentlich zu begraben. Nur er versetzt sich völlig uneigennützig in die Rolle Candys und will nicht nur davon profitieren, dass der Hund nicht mehr in der Baracke liegt und stinkt. Somit garantiert Slim auch für die Einhaltung gewisser moralisch-ethischer Verhaltensstandards.

Stillschweigen: absolute silence | **Widerrede:** protest | **Beichtvater:** confidante | **Verhaltensstandard:** code of conduct | **Stallbursche:** stable hand

Crooks

Crooks ist der einzige farbige Mitarbeiter auf der Farm. Er lebt als Stallbursche alleine in einem Zimmer in einem Schuppen hinter der Scheune, in dem die Geschirre für die Tiere aufbewahrt werden. Seine Schlafstatt ist eine langgezogene, mit Stroh ausgelegte Kiste. Überall in seinem Zimmer stehen Werkzeug und zu reparierendes Zubehör.

Crooks' Augen liegen tief in den Augenhöhlen und scheinen zu funkeln. Sein Gesicht ist voller tiefer Furchen und sein Mund ist schmerzvoll zu einer hellen Linie zusammengepresst. Aufgrund eines Wirbelsäulenschadens steht Crooks immer leicht nach vorne links gebeugt und hat permanente Schmerzen, die er mit Salben einzudämmen versucht. Sein Name »Crooks« verweist auf diese Körperhaltung.

■ Stolz

Seine Hautfarbe verbietet es Crooks, mit den anderen in der Baracke zu schlafen. Da er jedoch ein stolzer und unnahbarer Mann ist, hält er auch absichtlich Abstand zu den Arbeitern (mit Ausnahme von Slim) und erwartet dies auch von ihnen. Da sie ihn nicht in ihrer Baracke sehen wollen und sagen, er stinke, will er sie auch nicht in seinem Zimmer sehen.

■ Frust und Einsamkeit

Sein unverdienter Status als Außenseiter frustriert ihn jedoch sehr, und so lässt er seinen Ärger an Lennie aus, der ihn nichtsahnend in seinem Zimmer besucht, als alle anderen Arbeiter außer Candy und ihm in der

Geschirr: harness | **Außenseiter:** outsider

Stadt sind. Crooks quält Lennie absichtlich, indem er ihn die Möglichkeit weiterdenken lässt, George könne nicht mehr zurückkehren und ihn hier alleinlassen. Er sagt, dass sie Lennie dann in eine Irrenanstalt sperren und mit einem Halsband, ähnlich dem eines Hundes, festbinden würden. Er findet Gefallen an der aufsteigenden Panik Lennies und hört erst auf, als er merkt, dass Lennie wütend und somit zu einer Gefahr für ihn wird. Er sagt ihm, dass er keine Angst zu haben brauche, da er ja sowieso wisse, dass George zurückkäme. Er gibt daraufhin zu, dass er gerade über sich selbst gesprochen habe, da er immer alleine sei und niemanden habe, mit dem er sprechen könne, und dass man deswegen wahnsinnig werden könne.

Seine Abende verbringt Crooks alleine mit dem Lesen von Büchern. Dies zeigt, dass er entweder eine Schule besucht oder sich selber das Lesen beigebracht hat. In seinem Besitz finden sich neben vielen Büchern auch ein zerfleddertes Wörterbuch und ein abgenutztes Gesetzbuch aus dem Jahr 1905.

■ Crooks Bücher

Crooks erzählt Lennie außerdem, dass er kein Farbiger aus dem Süden sei, sondern in Kalifornien geboren wurde. Sein Vater hatte eine Hühnerfarm und früher hätten dort weiße Kinder mit ihm gespielt. Sein Vater habe das damals aber nicht gerne gesehen und nun, sagt Crooks, verstehe er auch warum.

■ Kalifornien, Crooks' Heimat

Irrenanstalt: mental asylum | **zerfleddert:** well-thumbed, tattered

4. Form und literarische Technik

Erzähler

■ Auktorialer Erzähler

In *Of Mice and Men* gibt ein auktorialer, also ein allwissender Erzähler die Geschichte wieder, der selbst nicht Teil des Geschehens ist. Allwissenheit bedeutet im Normalfall, dass der Erzähler dem Leser die Gedankenwelt der Figuren eröffnet und somit die Handlungsweisen der Charaktere nachvollziehbarer werden lässt. Hierauf hat Steinbeck jedoch aus den folgenden zwei Gründen verzichtet:

1. *Of Mice and Men* ist als ein Stück geschrieben worden, das sowohl gelesen als auch in einem Theater aufgeführt werden kann. Zu viel Einsicht in die Gedankenwelt der Figuren kann jedoch auf einer Bühne schwer dargestellt werden und hätte somit einer potentiellen Aufführung im Weg gestanden.
2. Die insbesondere in der Strömung des Naturalismus, der Steinbeck zuzuordnen ist, übliche Reduzierung der Figuren auf Stereotypen steht einer detaillierten Analyse und Einsicht in ihre Gefühls- und Gedankenwelt im Weg. Der Leser soll nicht zu sehr versuchen, die Handlungen der Figuren durch Nachvollzug ihrer Gedankengänge zu verstehen und akzeptieren, sondern diese als Reaktionen auf durch die Umwelt gegebene Impulse begreifen.

auktorial, allwissend: omniscient | **Gedankenwelt:** mindscape | **Strömung:** movement | **Reduzierung:** reduction | **Gedankengang:** train of thought

Dessen ungeachtet informiert der allwissende Erzähler die Leser aber mit kleinen Hinweisen über die Gefühlswelt der Figuren, beispielsweise »Lennie grinned with relief« (S. 9), »He had sensed his advantage« (S. 19) oder »She was suddenly apprehensive« (S. 44). Er informiert über das, was passiert – »He thought for a moment« (S. 41) –, erläutert aber nicht näher, worüber nachgedacht wird.

Hinweise über Gefühlswelt

Struktur des Romans

Die Handlung von *Of Mice and Men* verläuft chronologisch in einer kurzen Zeitspanne von zwei Tagen.

Kapitel 1:	Die Handlung beginnt Freitagabend am Ufer des Flusses Salinas River, an dem George und Lennie übernachten.
Kapitel 2:	Am nächsten Morgen um 10 Uhr treffen die beiden an der Farm ein und beziehen die Arbeiterbaracke. Sie treffen das erste Mal auf Curley und im Anschluss auf seine Frau.
Kapitel 3:	Am Abend desselben Samstags lernen sie die übrigen Arbeiter kennen, die von der Arbeit auf dem Feld zurückkehren. Slim schenkt Lennie einen Welpen, Candys alter Hund wird von Carlson erschossen. George und Lennie teilen ihren Traum mit Candy und wollen ihn mit seiner finanziellen Hilfe in die Tat umsetzen. Curley kehrt in die Baracke zurück und schlägt Lennie. Dieser zertrümmert ihm die Hand.

Kapitel 4:	Samstagnacht trifft Lennie in dessen Kämmerchen auf Crooks. Crooks provoziert erst Lennie und möchte dann Teil des gemeinsamen Traums von Lennie und George werden. Curleys Frau kommt hinzu und weist dann Crooks in seine Schranken.
Kapitel 5:	Lennie tötet am folgenden Sonntagnachmittag aus Versehen seinen Welpen. Als Curleys Frau zu ihm in den Schuppen kommt, bietet sie ihm an, ihre Haare zu streicheln. Da er zu grob ist und nicht mehr aufhört, schreit sie. Lennie schüttelt sie so lange und fest, bis er ihr Genick bricht.
Kapitel 6:	Lennie erscheint bei Sonnenuntergang am Sonntagabend zu dem vereinbarten Treffpunkt am Ufer des Salinas River. George kommt hinzu und tötet Lennie.

Sprache

Steinbecks *Of Mice and Men* ist auf den ersten Blick wie ein Drama für die Bühne konzipiert. Am Anfang jedes Kapitels wird ähnlich einer Regieanweisung die Szenerie beschrieben. Anschließend folgen Dialoge zwischen den anwesenden Personen, erzählende Passagen treten zurück. Gedanken werden durch Adverbien lediglich angedeutet, jedoch nicht eindeutig be-

jdn. in seine Schranken weisen: to put s.o. in his/her place | **aus Versehen:** by mistake | **Schuppen:** shack | **konzipieren:** to devise | **Regieanweisung:** stage direction | **Szenerie:** scenery

nannt. Ein Beispiel hierfür ist: »George spoke proudly. ›Jus' tell […]‹« (S. 52) oder »›You tol' me to, George,‹ he said miserably« (S. 83).

Die Dialoge der Arbeiter sind sehr dialektal und weichen mal mehr, mal weniger je nach Person vom Standardamerikanischen ab. Sie sind aber dennoch recht gut zu verstehen, da die phonetischen Änderungen einer gewissen Regelhaftigkeit folgen: Verschlusslaute am Ende einiger Wörter werden weggelassen (z. B. jus' [just], settin' [setting], sof' [soft]), Vokale innerhalb der Wörter ebenso (z. B. s'pose [suppose], ever'day [everyday]) und oft auch Vorsilben (z. B. 'stead [instead]). Zwei Wörter werden zusammengenommen zu einem Wort, z. B. gonna (going to) oder wanna (want to). Besonders unregelmäßige Verben werden falsch dekliniert: I knowed (I knew) oder it's been took (it's been taken). Tempora werden ab und zu falsch genutzt, das Verb nicht der Person angepasst und oft wird doppelt verneint. Trotz dieser (und noch vieler anderer) dialektalen Eigenheiten ist es nicht schwierig, dem Inhalt zu folgen und die Figuren zu verstehen.

dialektal: dialectal | **Regelhaftigkeit:** regularity | **Verschlusslaut:** plosive | **Vorsilbe:** prefix | **deklinieren:** to decline

Symbole

Die Hände

Wanderarbeiter werden auch *farm hands* genannt. Das heißt, sie reisen von Farm zu Farm, von Job zu Job und erledigen ihre Arbeit mit ihren Händen. Nicht zufälligerweise also hat Steinbeck Hände zum zentralen Sinnbild für *Of Mice and Men* gemacht:

Lennies unheilbringende Pranken

Am auffälligsten sind Lennies Hände. Sie sind groß und stark und werden auch als *paws* (S. 6) bezeichnet. George preist ebendiese Hände immer wieder an, indem er sagt, Lennie sei zwar dumm, aber stark wie ein Bulle: »[…] he's sure a hell of a good worker. Strong as a bull« (S. 30). Leider kann Lennie die Kraft seiner Hände nicht kontrollieren, und so richtet er mit ihnen immer wieder Schaden an. Er tötet zahlreiche Mäuse, seinen Welpen und schlussendlich Curleys Frau. Auffällig ist dabei, dass er mit seinen prankenartigen Händen nicht Gewalt üben, sondern am liebsten weiche Oberflächen wie Stoff oder auch Fell berühren möchte. Die fast schon zärtlich anmutende Geste des Streichelns macht ihn auf den ersten Blick zu einem dummen, aber liebenswerten Riesen mit großem Herzen. Auf den zweiten Blick jedoch wird klar, dass Lennie nur auf die Befriedigung seiner eigenen Bedürfnisse aus ist, wenn er jemanden oder etwas strei-

Sinnbild: symbol | **anpreisen:** to praise | **anmutend:** appearing, seeming | **Befriedigung:** satisfaction

chelt. Wie sich die Person oder das Tier in dem Moment dabei fühlt, ist für ihn nicht von Bedeutung.

Georges Hände

Georges Hände werden als klein und stark beschrieben. Und obwohl er besonnen und anständig ist, wird auch seine Hand zum Mordwerkzeug. Als er Lennie die Waffe an den Hinterkopf hält, muss er zwar noch einmal absetzen, da seine Hand zu sehr zittert, doch er bringt es dennoch fertig, Lennie am Ende zu erschießen. Nach dem Mord starrt er auf seine Hand: »But George sat stiffly on the bank and looked at his right hand that had thrown the gun away« (S. 132). Um Lennie zu retten, wird George unausweichlich zum Mörder und muss somit seine bis dahin integren und unschuldigen Hände symbolisch durch einen Mord beschmutzen.

Candys Behinderung

Candy ist alt und hat nur noch eine Hand und kann daher keine Arbeiten mehr auf dem Feld verrichten. Seine Behinderung bindet ihn an die Arbeiterbaracke und trennt ihn von der Gruppe. Durch den Verlust seiner Hand und sein Alter ist er tagsüber sozial isoliert und wird nur von seinem alten Hund begleitet. Die fehlende Hand kennzeichnet ihn in der kapitalistischen Welt der Farm als minderwertig, weil er nicht so viel zum Gewinn des Betriebs beitragen kann wie andere Arbeiter.

Curleys Handschuh

Curley trägt an einer Hand immer einen Handschuh, den er laut Candy mit Vaseline füllt, um die

besonnen: level-headed | **anständig:** decent | **Mordwerkzeug:** murder weapon | **minderwertig:** inferior, of low quality

Hand für seine Frau geschmeidig zu halten. Dies ähnelt einem verzweifelten Versuch, seine Frau sexuell befriedigen zu können, und scheint ein Zeichen für die fehlende körperliche Nähe der Eheleute zu sein.

Curleys zertrümmerte Hand

Als Curley wieder einmal die Baracke betritt und auf der Suche nach Streit Lennie schlägt, weiß dieser sich nicht zu helfen und umfasst Curleys Hand mit seiner eigenen. Da er auch in diesem Moment wieder einmal seine Kraft nicht richtig einschätzt, zerquetscht er Curleys Hand. Slim zwingt Curley daraufhin zu sagen, die Hand sei in einer Maschine verletzt worden. Ebenso wie Georges und Lennies Traum der eigenen Farm durch Lennies Hände zerstört wird, wird auch Curleys Wunschfantasie durch sie zerschmettert.

Rot lackierte Fingernägel

Die Fingernägel von Curleys Frau sind rot lackiert. Dadurch unterstreichen sie ihre selbst inszenierte, aufreizende Erscheinung, die sich lediglich auf ihr Äußeres konzentriert und letztendlich zu ihrem Tod führt: Beim Treffen mit Lennie in der Scheune fährt sie sich in ihrer flirtenden Art verführerisch mit ihren Händen durch die Haare, da diese durch ihre Pflege schön weich seien. Sie bittet Lennie, es ihr gleichzutun. Als dieser dann mit seinen Händen nicht mehr von ihren Haaren ablassen kann und droht, die Frisur zu ruinieren, ist ihr Schicksal durch ihr Schreien bereits besiegelt.

geschmeidig: smooth | **verführerisch:** seductive (*Adv.*) | **besiegelt:** sealed

Auch an Carlsons Händen klebt Blut, denn er tötet Candys Hund, da ihm dessen Gestank ein Gräuel ist. Seine Hände stehen durch diese Tat auch für seinen Mangel an Empathie: Er ist anscheinend der Einzige, der weder Mitleid für Candy wegen des drohenden Verlusts seines Gefährten noch für George nach dem Mord an Lennie zeigt. So erbarmungslos wie seine Hände agieren, agiert auch er.

■ Carlson tötet den Hund

Slims Hände werden als denen eines Tempeltänzers ähnlich beschrieben. Dieser Vergleich stellt wie auch die Beschreibung seiner gottähnlichen Augen eine Verbindung zwischen Slim und einer höheren Macht her (vgl. Kap. 3, S. 36). Seine Hände scheinen trotz der harten Arbeit makellos zu sein.

■ Hände wie ein Tempeltänzer

Crooks, der wegen seiner Hautfarbe ständiger Diskriminierung ausgesetzt ist, sitzt abends in seinem Kämmerchen und reibt sich seinen schmerzenden Rücken mit Salbe ein. Dabei wird betont, dass er dies mit seinen rosafarbenen Handflächen tut. Hier wird die Rassenteilung ad absurdum geführt, denn alle schlimmen Dinge in *Of Mice and Men* passieren, da jemand seine Hand gegen jemand anderen erhebt: Lennie gegen die Tiere, gegen Curley und gegen Curleys Frau. Curley gegen Lennie. Carlson gegen den Hund. George gegen Lennie.

■ Crooks' rosa Handflächen

Crooks aber, der niemandem ein Leid zufügt, wird von Anfang an wegen seiner Hautfarbe ausgegrenzt

jdm. ein Gräuel sein: to be anathema to s.o. | **Tempeltänzer:** temple dancer | **makellos:** immaculate, pristine | **Handfläche:** palm

und bestraft. In dieser Szene wird gezeigt, dass die Etikettierung von Crooks als »schwarz« zu kurz greift, schon allein durch sein tatsächliches Aussehen. Seine Handinnenflächen tragen den zarten Farbton Rosa. Von der Mehrheit der Menschen, die ihn in der Regel oberflächlich und rassistisch als minderwertig abstempeln, weil er eine dunkle Hautfarbe besitzt, wird diese zarte Seite gar nicht wahrgenommen. Somit verdeutlicht die Farbsymbolik, dass es Crooks verwehrt bleibt, sein menschliches Verlangen nach zärtlicher Zuwendung zu stillen.

Solitaire

George vertreibt sich seine Freizeit immer wieder mit Solitaire. Da dieses Kartenspiel nur von einer Person gespielt werden kann, ist es nicht von Nachteil, dass Lennie nicht in der Lage ist, an einem geistig so anspruchsvollen Spiel teilzunehmen. Dass jedoch ausgerechnet George Solitaire spielen muss, da ihm trotz ständigem Begleiter kein Mitspieler zur Verfügung steht, zeigt, dass er in Lennie nicht in allen Lebensbereichen einen Partner gefunden hat. Zwar kann er mit ihm durchs Land ziehen, mit ihm arbeiten und reden, wenn auch nicht richtig kommunizieren, und sich von ihm beschützen lassen, aber auf intellektueller Ebene bleibt er weiterhin alleine und damit auch einsam.

■ Intellektuelle Einsamkeit

Lebensbereich: walk of life

Das Paradies

Of Mice and Men weist Parallelen zur Bibel und hierin insbesondere Vorstellungen des Paradieses auf. Nicht nur, dass zu Anfang und zu Ende des Stücks eine Schlange beschrieben wird – auch Curleys Frau ist der Inbegriff der Verlockung. Als Verkörperung der Eva, hübsch gemacht mit roten Fingernägeln und Lippen, versucht sie, die Männer um sich herum ins Verderben zu ziehen. Doch nur der Dümmste von allen, Lennie, tappt in ihre Falle. So verführt sie ihn mit Hilfe ihrer Haare und beschwört so seinen Tod herauf. Dieser gleicht dem Ausstoß aus dem Paradies, sprich der Auslöschung des Traums von der eigenen Farm. Als George Lennie tötet, erzählt er ihm jedoch erneut das Mantra von der eigenen Farm und lässt diese dabei dem Paradies ähnlich erscheinen:

■ Verführung und Sündenfall

»›No, Lennie. Look down there across the river, like you can almost see the place.‹
Lennie obeyed him. George looked down at the gun. […]
›Go on, George. When we gonna do it?‹
›Gonna do it soon.‹
›Me an' you.‹
›You … an' me. Ever'body gonna be nice to you.

Inbegriff: epitome | **Verlockung:** temptation | **Verderben:** doom | **heraufbeschwören:** to conjure up | **Ausstoß:** expulsion | **Auslöschung:** extinction

> Ain't gonna be no more trouble. Nobody gonna hurt nobody or steal from 'em.‹ […]
> The voices came close now. George raised the gun and listened to the voices.
> Lennie begged, ›Let's do it now. Let's get that place now.‹
> ›Sure, right now. I gotta. We gotta.‹« (S. 131 f.)

Georges Mord an Lennie ist dessen Erlösung und der direkte Weg ins Paradies, der nun George für immer verwehrt bleibt. Fast scheint es so, als wäre Lennie die unmittelbare Bedrohung durch die sich nähernden Männer bewusst und er bettle darum, Erlösung zu finden.

Erlösung: redemption | **unmittelbar:** immediate

5. Quellen und Kontexte

Literaturgeschichtliche Kontexte

Of Mice and Men entspricht der literarischen Strömung des Naturalismus, einer extremeren Form des Realismus. Der Realismus entwickelt sich etwa ab der Mitte des 19. Jahrhunderts zunehmend zur vorherrschenden literarischen Stilrichtung. Der Beginn der Epoche wird meist in Zusammenhang mit den gescheiterten europäischen Revolutionen des Jahres 1848 gebracht, die zum Ziel hatten, monarchische Herrschaftsstrukturen durch demokratische Gesellschaftsordnungen abzulösen und somit die Unterdrückung des Volkes zu beenden. Nach dem Misserfolg dieses politischen Vorhabens entwickelte sich aus gesellschaftskritischen Tendenzen und dem engen Rahmen, den die Herrscher für diese Kritik gesteckt hatten, die literarische Schreibweise des (poetischen) Realismus. Die bestimmende Zielsetzung dieses Stils ist es, die Realität möglichst genau abzubilden. Nicht nur detailgetreue Schilderungen von beispielsweise Landschaften und Kleidung, also auf die Außenwelt bezogene realistische Darstellungen, sind damit gemeint, sondern auch die zutreffende Abbildung der wirklichen innerlichen Gedanken- und Gefühlswelt. Teilweise sind jedoch deutliche blinde Flecken in dieser scheinbar wirklichkeitsgetreuen Perspektive nachweisbar, denn zum Beispiel werden tabuisierte Themen wie Tod und Sexualität oftmals beschönigt oder ganz ausgespart.

■ Realismus

Abb. 2: Thomas Eakins, *The Gross Clinic* (1875)

Auch die bildende Kunst folgt der Strömung des Realismus. Maler schaffen nun Werke, die alltägliche Situationen ungeschönt und ohne Aussparungen abbilden, so zum Beispiel Ärzte bei einer Operation, wie *The Gross Clinic* (1875) von Thomas Eakins.

Naturalismus

Der Naturalismus ist eine besondere und auch extremere Form des Realismus, die etwa zwischen 1880 und 1930 vorherrschte. Er bildet nicht nur die Realität ab, sondern zeigt, dass jeder, ob Mensch oder Tier, von der Gewalt der Natur abhängt. Sie entscheidet über Leben und Tod. Darüber hinaus ist das Handeln durch das Erbgut und die unmittelbare Umgebung vorherbestimmt. Diese Vorstellung nennt man Determinismus.

■ Natur, Erbgut und Umgebung als höchste Mächte

Kunst aus der Zeit des Naturalismus bildet häufig Naturkatastrophen oder Menschen in Not ab. So zum Beispiel Darstellungen von Seglern, deren Schiff durch riesige Wellen in einem Sturm zu kentern droht. Der Natur völlig hilflos ausgesetzt zu sein, ist der Kerngedanke des Naturalismus. Die zu der Zeit entstandenen künstlerischen Werke sind, geprägt durch die Zeit der *Great Depression*, oft sehr morbide und düster. Sie beschönigen nichts und sind sehr detailgetreu.

■ Kunst im Naturalismus

Aussparung: omission | **Erbgut:** genetic makeup | **Naturkatastrophe:** natural disaster | **kentern:** to capsize | **Kerngedanke:** central idea | **morbid:** morbid

Wurden während der Romantik meist ästhetisch verklärte Szenen beschrieben und gemalt, steht im Naturalismus die Hässlichkeit der Realität im Fokus. Nicht länger wird etwa die gesellschaftliche Oberschicht bei rauschenden Festen porträtiert, sondern überwiegend die Unter- und Mittelschicht in alltäglichen Situationen, oft bei der Arbeit, gerne auch mal schmutzig oder mit schmerzverzerrten und unglücklichen Gesichtern. Die Verherrlichungstendenz der Romantik kann der problematischen Zeit, in der Steinbeck schreibt, nicht mehr standhalten und wird vom knallharten Naturalismus abgelöst.

■ Hässlichkeit

Auch *Of Mice and Men* ist ein Werk des Naturalismus. Steinbeck wählt hier wie in vielen seiner anderen Werke die hart arbeitende Bevölkerung als Protagonisten. Die Charaktere werden in ihrem Zusammenspiel mit ihrer Umgebung und der Natur betrachtet. Der Mensch scheint sich im Naturalismus durch die Vorherbestimmung seines Schicksals kaum mehr von einem Tier zu unterscheiden. Er wird zum Anschauungsobjekt, dessen Taten beobachtet, jedoch aufgrund der Instinkt- und Triebsteuerung niemals moralisch hinterfragt werden. Alles, was passiert, hängt ausschließlich von der Umgebung, der Natur, dem Zufall oder den im Erbgut angelegten Charakterzügen ab.

■ Steinbecks Naturalismus

Verherrlichung: glorification | **Vorherbestimmung:** predestination | **Anschauungsobjekt:** object of study

Archetypen

Jede Person in *Of Mice and Men* kann auf einige wenige, den Charakter bestimmende Adjektive oder auch auf einen menschlichen Archetypen reduziert werden. Die Figuren in Steinbecks Werk stellen mit anderen Worten nicht besonders lebensechte Charaktere dar, die dem Leser in der Vielfalt ihrer Verhaltensweisen vertraut gemacht werden, vielmehr verkörpern sie grundlegende Ideen. Ein solcher Typus wird jeweils in seinem Verhalten und Handeln so dargestellt, wie er sich seiner Natur und Umgebung entsprechend verhalten muss, und repräsentiert oft eine allseits bekannte Sorte von Mensch. Abweichungen von seinem vorbestimmten Verhalten sind dem Archetyp per Definition nicht möglich und die Figuren wirken somit oft hilflos in ihrem Handeln. Sie reagieren mehr, als sie agieren. Beispielsweise kann sich ein archetypischer Hitzkopf wie Curley in einer Konfliktsituation kaum anders behelfen, als den Streit zu suchen. Ein Friedensangebot zu machen, würde der grundlegenden Idee seines Archetyps widersprechen. Im Folgenden wird näher auf die einzelnen Figuren als Archetypen eingegangen.

George: normal und integer

George wird am treffendsten mit den Adjektiven »normal« und »integer« bezeichnet. Er ist der durchschnittliche Arbeiter, der auf die Farm kommt, seinen

Archetyp: archetype | **Abweichung:** deviation

Job erledigt und weiterzieht. Er ist besonnen, eckt nirgendwo an, geht als einer der wenigen nur selten in ein Bordell, versucht sein Geld zu sparen und erscheint sehr integer in Bezug auf seine Mitmenschen. Auf Lennie nimmt er Rücksicht und kümmert sich um ihn, da die Hilfe am Mitmenschen als normales Verhalten in unseren Genen angelegt sein sollte. Schlussendlich kann er nicht anders, als Lennie von seinem Leid zu befreien. Auch wenn er es nicht möchte, bringt er es aufgrund seines gutmütigen Charakters nicht übers Herz, Lennie den Qualen der anderen auszusetzen. Er ist somit der tragische Held in *Of Mice and Men*, der aktiv versucht, seine vorbestimmte Zukunft zu verhindern, was aber im naturalistischen Weltbild Steinbecks zum Scheitern verurteilt ist.

Candy: alt und krank

Candy steht aufgrund seines Alters und seiner Behinderung für die Furcht, die Menschen in diesem Stadium haben müssen. Können sie sich nicht mehr ausreichend für die Gemeinschaft einbringen, werden sie aus dieser ausgestoßen und der rohen Natur ausgesetzt. Candys größte Angst ist es, seinen Job zu verlieren und die Farm verlassen zu müssen. Er hätte kein Dach mehr über dem Kopf, nichts mehr zu essen und wäre allen schädlichen Einflüssen schutzlos ausgesetzt. Ihm ist klar, dass er diesen Zustand nicht lange überleben würde.

anecken: to offend | **Gen:** gene | **gutmütig:** good-natured | **Behinderung:** disability

Auch Curleys Frau ist ein Opfer ihrer Umgebung und ihres Erbguts. Trotz ihrer Schönheit schafft sie es nicht auf die große Leinwand. Sowohl die ihr eigene Passivität als auch ihre naive Art stehen ihr im Weg. Sie ist zwar gut aussehend, aber zu ungebildet und faul, um sich selbst aus ihrer Lage zu befreien und den Schritt nach Hollywood zu wagen. So bleibt sie in ihrer deplatzierten Rolle, in der sie sich nicht in ihre Umgebung einordnen kann, und stößt wie ein Fremdkörper, egal wo sie auftaucht, auf Widerstand. Da sie aber ihr Verhalten nicht ändern kann und die Gefahr, die von Lennie ausgeht, aufgrund ihrer narzisstischen Art falsch einschätzt, wird sie schlussendlich zum Opfer ihres eigenen Charakters. Sie steht für all die Frauen, die in einer Männerdomäne nicht überleben können.

■ Curleys Frau: schön und naiv

Crooks steht als Archetyp für alle afroamerikanischen Einwohner Nordamerikas und deren Leid. Durch seine Hautfarbe ist sein Schicksal unweigerlich vorherbestimmt. Er hat einen schlechten Job, wird sozial ausgegrenzt und ist durch seine Einsamkeit mental krank. Er kann auch anfangs nicht aus seiner Rolle ausbrechen, als Lennie ihn in seinem Kämmerchen besucht. Er ist wütend auf seine Mitmenschen, die ihm nie eine Chance geben und lässt diesen Frust an Lennie aus. Dieser schafft es zwar, Crooks kurzzeitig

■ Crooks: ausgestoßen und verbittert

deplatziert: misplaced | **Fremdkörper:** foreign body | **Widerstand:** opposition | **narzisstisch:** narcissistic | **unweigerlich:** inevitably (*Adv.*)

seine Verbitterung ablegen zu lassen, Curleys Frau jedoch holt ihn umgehend auf den Boden der Tatsachen zurück. Crooks ist das offensichtlichste Opfer seines Erbguts und seiner Umgebung.

Curley und Carlson: eiskalt und ohne Empathie

Curley und Carlson stehen für den Typ Mensch, der ohne Empathie für andere agiert. Curley, der bezeichnenderweise Boxer geworden ist, mag es, anderen Menschen Schmerz zuzufügen. Seine mangelnde Körpergröße – vorgegeben durch sein Erbgut – machen ihn zu einem unzufriedenen Mann, der dieses Manko ausgleichen will. Er entspricht allen Menschen, die mit sich unzufrieden sind und dies an anderen auslassen. Carlsons schlechter Charakter zeigt sich dadurch, dass er ohne zu zögern vorschlägt, Candys Hund zu töten. Nur dank Slim vergräbt er den toten Hund wenigstens und lässt ihn nicht einfach draußen liegen, wo ihn Candy finden könnte. Er steht für alle Menschen, die Gefühle nur dann interessieren, wenn es ihre eigenen sind.

Die beiden sind es auch, die nicht verstehen, warum es George nach dem Mord an Lennie schlecht geht und Slim dieses Gefühl teilt.

Slim: gottähnlich und gnädig

Slim ist allein durch seine körperliche Erscheinung der Archetyp eines Anführers. Er hat gottähnliche Augen und Hände wie ein Tempeltänzer. Er ist Richter und Henker zugleich. So unterstützt er Carlson in seinem Wunsch, Candys Hund zu töten, tut dies aber

Verbitterung: bitterness | **jdn. auf den Boden der Tatsachen zurückholen:** to bring s.o. down to earth | **Manko:** shortcoming | **Henker:** executioner

nicht eigennützig, sondern um dem Hund ein unwürdiges Leben zu ersparen. Er gibt Lennie einen Welpen und vertraut ihm, dem eigentlich niemand etwas zutraut, ein Leben an. Er urteilt über niemanden, so auch nicht über Lennie, der eine junge Frau unsittlich berührt hat, oder George, der zum Mörder wird. Er ist gnädig und voller Empathie. Auch er ist durch sein Erbgut, sprich sein Äußeres, seine Geschicklichkeit und die ihm eigenen Charakterzüge als Anführer vorherbestimmt und kann dieser Rolle nicht entkommen. Gibt es eine Entscheidung zu fällen, treten die Männer an ihn heran. Sein Wort ist Gesetz. Er steht für den Führertyp, den jede Gruppe haben muss, um als solche zu funktionieren.

Lennie, das Tier

Am auffälligsten spiegelt sich der Grundgedanke des Naturalismus in der Figur Lennies wider. Lennie wird von Anfang an mit einem Tier verglichen: Er trinkt mit langen Schlucken wie ein Pferd (»drank with long gulps, snorting into the water like a horse«, S. 5). Seine großen Hände gleichen den Tatzen eines Bärs: »Lennie dabbled his big paw in the water and wiggled his fingers so the water arose in little splashes« (S. 6). Und seine Bewegungen sind denen eines Terriers ähnlich: »Slowly, like a terrier who doesn't want to bring a ball to its master, Lennie approached,

eigennützig: selfishly (*Adv.*) | **unwürdig:** unworthy | **urteilen über jdn./etw.:** to judge s.th. *or* s.o. | **gnädig:** merciful | **Geschicklichkeit:** expertise, skillfulness | **widerspiegeln:** to reflect | **Grundgedanke:** main idea

drew back, approached again« (S. 14). Hier zeigt sich auch, dass Lennie aufgrund seiner Unfähigkeit, alleine zu leben, von George ähnlich wie ein Hund von seinem Herrchen abhängt. George sorgt für Essen und ein Dach über dem Kopf. Er erteilt die Befehle und legt die Regeln fest. Auch die anderen Arbeiter führen den Tiervergleich fort. Crooks sagt, dass Lennies Verfolger ihn in eine Irrenanstalt bringen und ihn wie einen Hund mit einer Leine um den Hals einsperren würden: »Want me ta tell ya what'll happen? They'll take ya to the booby hatch. They'll tie ya up with a collar, like a dog« (S. 92). Als Curley ihn mit den Fäusten attackiert, hält Lennie trotz seiner körperlichen Überlegenheit zunächst seine Hände (auch hier wieder als Tatzen beschrieben) vors Gesicht und spricht in einem weinerlichen Ton ähnlich dem Blöken eines Schafes: »Lennie covered his face with his huge paws and bleated with terror« (S. 82). Gerade dieser Vergleich beschreibt Lennie nur zu deutlich: Kräftig wie ein Bär, aber ein Gemüt wie ein Schaf.

Dieser geistige und körperliche Vergleich mit einem Tier entspricht dem Grundgedanken des Naturalismus, dass nicht nur das Tier, sondern auch der Mensch seiner persönlichen Natur entsprechend triebgesteuert ist. Lennies Dummheit, seine körperliche Erscheinung und die damit einhergehende zerstörerische Kraft sind in seinem Erbgut angelegt. Von

Unfähigkeit: incabability | **Herrchen:** master | **Leine:** leash | **Überlegenheit:** superiority

alleine hätte er weiterhin »nur« Tiere getötet. Verleitet durch das Verhalten der Menschen in seiner nächsten Umgebung, gewinnen jedoch seine Triebe die Oberhand, lassen ihn irrational handeln und so wird er ungewollt zum Mörder.

Lennie ähnelt in gewisser Weise dem Archetypen des edlen Wilden (*noble savage*), einem unverdorbenen Charakter, der mit den Maßstäben der modernen Gesellschaft gemessen als zurückgeblieben gilt, zu einer Außenseiterstellung verdammt ist und schließlich an den Einflüssen der Zivilisation zugrunde geht.

Nicht-teleologische Weltanschauung

Steinbeck war nicht nur ein Anhänger des Naturalismus, sondern auch der nicht-teleologischen Weltanschauung, laut derer kein Ereignis einem bestimmten Zweck oder Ziel (gr. *telos*) zugeordnet werden kann. Alles hängt vom puren Zufall ab. Es kann nicht geplant werden, was passieren wird, gestern und morgen sind egal, es zählt nur das Hier und Jetzt. In diesem Punkt widerspricht diese zufallsgeprägte Weltsicht teilweise dem Vorherbestimmungsgedanken des Naturalismus. Die beiden Ansätze vereint aber die Vorstellung, dass der Mensch kaum Einfluss auf den Lauf der Dinge nehmen kann.

■ Zufall

Trieb: drive | **unverdorben:** unspoiled | **Maßstab:** standard | **nicht-teleologisch:** non-teleological

Die Wasserschlange

Ein Beispiel hierfür ist die Wasserschlange im letzten Kapitel: Sie taucht auf, bewegt ihren Kopf wie ein Periskop hin und her und wird in diesem Moment von einem Reiher gefressen. Als eine zweite Schlange auftaucht und der Reiher ein weiteres Mal zuschlagen möchte, wird dieser vom herannahenden Lennie gestört und fliegt weg. So hat die Schlange nur durch Zufall überlebt.

Ebenso war es purer Zufall, dass Lennie nach dem Vorfall auf der letzten Farm entkommen konnte, diesmal aber nicht. Auch Curleys Frau trifft zufällig genau zu einem Zeitpunkt in der Scheune ein, in der alle anderen so weit weg sind, dass sie sie nicht schreien hören können.

Der Titel

Something that happened

Gemäß der nicht-teleologischen Weltanschauung wollte Steinbeck sein Werk ursprünglich *Something that happened* nennen. Dieser Titel sollte unterstreichen, dass keine der teilhabenden Figuren Schuld an irgendetwas trägt und das Geschehen keinem besonderen höheren Sinn unterstellt ist. Alle Handlungen passieren einfach nur, weil sie passieren. Die Gründe dafür sind egal. Die Figuren handeln so, wie sie ihrer Natur nach angelegt sind. Später entschied Steinbeck sich jedoch für den Titel *Of Mice and Men*

Periskop: periscope | **Reiher:** heron | **Weltanschauung:** ideology, worldview

als Hommage an den schottischen Dichter Robert Burns (1759–1796), aus dessen Werk *To a Mouse, on Turning her up in her Nest, with the Plough* die folgenden Zeilen stammen:

»The best-laid schemes o' mice an' men
Gang aft agley.
An' lea'e us nought but grief an' pain,
For promis'd joy!« (S. 142)

Die Übersetzung dieser Verse lautet in etwa: »Die besten Pläne von Menschen und Mäusen gehen oft schief und hinterlassen uns nichts als Kummer und Schmerz statt der versprochenen Freude.«

Zerstörte Pläne

Das Gedicht handelt von einem Bauern, der sein Feld pflügt und dabei aus Versehen das Nest einer Maus zerstört. Er bedauert, das von der Maus erbaute, schutzbringende Winterlager vernichtet zu haben, und betont, dass selbst die am besten durchdachten Pläne immer noch durchkreuzt werden können. Ebenso geschieht es in *Of Mice and Men*: Georges und Lennies Traum von einer eigenen Farm wird durch die finanzielle Zusicherung Candys von einem Hirngespinst zu einem handfesten Plan, der sich tatsächlich umsetzen ließe. Hier zeigt sich dann aber der Einfluss der nicht-teleologischen Weltanschauung: Es macht keinen Sinn, Pläne für die Zukunft zu schmie-

Hommage: homage | **Zusicherung:** assurance, promise | **Hirngespinst:** pipe dream | **handfest:** concrete

den, denn innerhalb eines einzigen Augenblicks können diese wieder zunichtegemacht werden.

Der Farmer bedauert weiterhin, dass er als Mensch nun mit diesem schlechten Gewissen leben muss, und beneidet die Maus, die weder an gestern oder morgen denken kann noch muss (»Still, thou art blest, compared wi' me! / The present only toucheth thee«, S. 142). Sie braucht nicht bange und pessimistisch in die Zukunft schauen und der Dinge harren, die da kommen. Sie lebt ausschließlich im Hier und Jetzt.

Die Gnade des Nichtwissens

George und Lennie entsprechen der Darstellung des Farmers und der Maus. George kann als der Farmer betrachtet werden, als derjenige, der über ein Bewusstsein von Vergangenheit und Zukunft verfügt, beispielsweise bleibt für ihn der Vorfall mit der jungen Frau in Weed präsent. Er weiß, dass eine ähnliche Situation immer drohen kann, und muss so stets die Zukunft fürchten. Nach dem Mord an Curleys Frau gesteht er sich ein: »I should of knew [...]. I guess maybe way back in my head I did« (S. 118). Als Lennie ihm beichtet, dass er erneut etwas Schlimmes getan hat, erwidert George: »It don't make no difference« (S. 128), denn es war nicht die Frage, ob, sondern wann es wieder passieren würde.

George, der Farmer

So wie der Farmer nach der Vernichtung des Nestes muss auch George nach dem Mord an Lennie mit diesem Wissen und der damit einhergehenden Schuld weiterleben.

Lennie, die Maus

Lennie könnte der Maus in dem Gedicht entsprechen. Er denkt nur an den Moment, in dem er gerade lebt. Die meisten Situationen aus seiner Vergangenheit vergisst er, bereits kurz nachdem er sie erlebt hat, wieder. Nur mit Georges Hilfe kann er sich an einzelne Begebenheiten ausschnitthaft erinnern. Lediglich seine Gedanken an die zukünftige Pflege der Kaninchen zeigen, dass er bei Themen, die ihn besonders interessieren, Zeitsprünge zumindest teilweise gedanklich verarbeiten kann.

Legt man beim Vergleich der Hauptfiguren mit Mann und Maus aber einen anderen Schwerpunkt auf die Handlungsbestandteile, dann ergibt sich eine genau gegenteilige Zuordnung. George wäre dann die Maus, die emsig an ihrem zukünftigen Paradies baut, während Lennie mit seiner ungezügelten Kraft diese Pläne einfach blindlings ummäht.

George, die Maus – Lennie, der Farmer?

An der doppeldeutigen Beantwortungsmöglichkeit der Frage, wer in dem Text Mann und wer Maus ist, wird deutlich, dass bei Steinbeck anscheinend einfache Sachverhalte sich als viel komplizierter herausstellen, als manche Leser anfangs denken mögen. Ein weiteres Beispiel hierfür wäre die Frage, ob Lennie und George jemals auch nur den Hauch einer Chance hatten, ihren Traum zu verwirklichen.

Begebenheit: occurrence | **ausschnitthaft:** partially (*Adv.*) | **Zeitsprung:** leap in time

Zeitgeschichtliche Kontexte

Great Depression

Steinbeck verfasste *Of Mice and Men* zur Zeit der *Great Depression*, der amerikanischen Wirtschaftskrise, die mit dem Börsencrash am *Black Tuesday*, dem 29. Oktober 1929, begann und bis in die 1930er andauerte. Sowohl Unternehmen als auch Privatleute erhielten nach dem Zusammenbruch der Börse so gut wie keine Kredite mehr von den geschwächten Banken. Durch die daraus resultierende mangelnde Kaufkraft der Bevölkerung stellten Fabriken zudem nicht mehr so viele Güter her. Es folgte eine Entlassungswelle, die etwa ein Viertel aller Amerikaner in die Arbeitslosigkeit stürzte. Die Löhne der noch arbeitenden Bevölkerung fielen um mehr als die Hälfte.

Aufgrund der *Great Depression* und ihrer Folgen für die Gesellschaft entwickelte die amerikanische Kultur eine sehr pessimistische, sozialkritische und vor allem ernüchtert düstere Seite. Sowohl Kunst, Film, Musik wie auch insbesondere die Literatur waren von der neuen kritischen Weltansicht betroffen und wendeten sich dem Realismus bzw. dem radikaleren Naturalismus zu.

■ Pessimismus und Sozialkritik

zeitgeschichtlich: contemporary | **Wirtschaftskrise:** economic crisis | **Kaufkraft:** purchasing power | **Entlassungswelle:** mass layoffs, wave of dismissals | **Sozialkritik:** social criticism | **radikal:** radical

John Steinbecks Roman *The Grapes of Wrath* (1939) ist wohl eines der bekanntesten literarischen Werke dieser Zeit. Es handelt von einer Familie, die aufgrund einer lang anhaltenden Dürre und der damit einhergehenden finanziellen Probleme ihre Farm verlassen und sich als Wanderarbeiter verdingen muss. Auf ihrer Reise in den wirtschaftlich stärkeren Westen bricht die Familie auseinander. Als die noch übrigen Familienmitglieder in Kalifornien ankommen, werden diese dort ausgebeutet und als Migranten diskriminiert.

■ *The Grapes of Wrath*

Wanderarbeiter

Zur Zeit der *Great Depression* machten sich viele Farmer aus dem mittleren Westen auf den Weg nach Kalifornien, um dort als Wanderarbeiter auf den gut laufenden Farmen auszuhelfen.

Schuld am Weggang der Farmarbeiter aus ihrer Heimat trug damals die *Dust Bowl*, eine verheerende Dürre, die mit ihren Sandstürmen ein Bestellen der Felder unmöglich machte. Durch die zuvor exzessive Rodung des Präriegrases, um mehr Anbaufläche zu bewirtschaften, konnten die Stürme immer mehr Erde, die eigentlich von den Wurzeln des Präriegrases festgehalten wurde, abtragen. Die Arbeitsgrundlage

■ *Dust Bowl*

Dürre: drought | **sich verdingen:** to hire oneself out | **Weggang:** departure | **verheerend:** devastating | **Rodung:** clearing | **Präriegras:** prairie grass

zahlreicher Farmen wurde somit selbstverschuldet weggeweht.

Besonders Farmer aus Oklahoma und Arkansas erlitten dieses Schicksal. Da sie als verarmte und zudem oft ungebildete Farmer im Westen ankamen, wurden sie dort mit den übrigen Migranten aus Mexiko und Afrika in einen Topf geworfen und bekamen die abwertenden Spitznamen *Okies* (aus Oklahoma) und *Arkies* (aus Arkansas).

Okies und Arkies

Sie mussten von Farm zu Farm ziehen und dort die anfallenden Arbeiten verrichten. War der Auftrag erledigt, zogen sie weiter, um sich einen neuen Job zu suchen. Die Unterbringung der sogenannten *farm hands* erfolgte oft in Hütten, Ställen oder auch im Freien. Aufgrund des steigenden Angebots an Arbeitskräften sanken die Löhne rapide und die Arbeiter wurden weit unter dem üblichen Lohn bezahlt.

Farm hands

Rassentrennung

Nach dem Ende des *Civil War* (1861–65) traten in den USA die *Jim Crow Laws* in Kraft, die eine absolute Trennung von weißen und schwarzen Amerikanern in der Öffentlichkeit vorschrieben. Farbige wurden in allen Lebenslagen diskriminiert und bekamen schlechtere oder gar keine Jobs.

Jim Crow Laws

Der 1896 vom Supreme Court verabschiedete Grundsatz *separate but equal* beinhaltete, dass so-

Separate but equal

Spitzname: nickname | **Lebenslage:** circumstance

wohl weiße als auch schwarze Bürger gleichgestellt waren, solange alle öffentlichen Einrichtungen getrennte Türen, Bäder, Abteilungen, Stockwerke etc. aufwiesen. In der Realität erwiesen sich die Einrichtungen für die farbige Bevölkerung aber in den meisten Fällen nicht als gleich-, sondern minderwertig. Durch diese beschönigende Beschreibung der wirklichen Verhältnisse konnte die Rassentrennung legal weitergeführt werden.

Erst mit dem *Civil Rights Act* (1964) wurden den farbigen Amerikanern die gleichen Rechte zugesprochen wie den weißen. Jedoch wurde damit nach mehr als 100 Jahren immer noch keine wirkliche Lösung der Benachteiligungsproblematik gefunden. Auch heute stellt die Hautfarbe immer noch ein Problem in den USA dar.

■ *Civil Rights Act*

minderwertig: inferior

6. Interpretationsansätze

Einsamkeit und Kameradschaft

Of Mice and Men ist ein Werk über die Einsamkeit und den steten Versuch, ihr zu entfliehen.

■ George und Lennies Kameradschaft

George entscheidet sich, für Lennie zu sorgen, obwohl er weiß, dass dieser ihn ab diesem Zeitpunkt immer belasten wird. Dennoch möchte er lieber mit einem debilen Reisegefährten durch die Lande ziehen, als alleine zu bleiben: »We got somebody to talk to that gives a damn about us« (S. 20). Auch Lennie wiederholt, was George immer wieder zu ihm sagt: »*Because … because I got you to look after me, and you got me to look after you* […]« (S. 21). Sie stehen objektiv betrachtet also in einem direkten Abhängigkeitsverhältnis zueinander, von dem sie beide profitieren: George ist als der Kluge der beiden für alle Entscheidungen zuständig und muss ständig für zwei Personen denken, von denen eine sich wie ein Kleinkind verhält. Aber auch er profitiert von Lennie nicht nur in dessen Rolle als Ansprechpartner: Lennie, der starke und loyale Riese, fungiert als Beschützer, der sein Leben vorbehaltlos für George geben würde.

Obwohl die anderen Arbeiter ihre Kameradschaft als merkwürdig empfinden, reisen sie dennoch lieber zu zweit als alleine, allen Vorbehalten zum Trotz. Slim bemerkt:

debil: moronic | **vorbehaltlos:** unconditional

»Funny how you an' him string along together. [...] Hardly none of the guys travel together. I hardly never seen two guys travel together. You know how the hands are, they just come in and get their bunk and work a month, and then they quit and go out alone. Never seem to give a damn about nobody. It jus' seems kinda funny a cuckoo like him and a smart little guy like you travelin' together.« (S. 53)

Diese Freundschaft, die schon eher als Bruderschaft gelten kann, ist jedoch so tief, dass ihnen die Spötteleien und missbilligenden Blicke egal sind und George sogar schlussendlich zum Mörder wird, um Lennie vor drohenden Qualen zu bewahren.

■ Missbilligung durch die anderen Arbeiter

Auch Curleys Frau ist immer auf der Suche nach einem Ansprechpartner, da sie sich auf der Farm als einzige Frau sehr einsam fühlt. Weder ihr Mann Curley, den sie nicht mag, noch die Arbeiter können ihr diese Einsamkeit nehmen, denn aus Angst vor Curleys Eifersucht spricht niemand länger als nötig mit ihr.

■ Curleys einsame Frau

Aus ihrer Verzweiflung darüber, ständig ignoriert zu werden, schminkt sie sich jeden Tag aufs Neue stark und läuft aufreizend auf der Farm herum. Sie hofft, durch das Flirten mit den Männern Kontakt aufnehmen zu können. Als Candy und Crooks wieder einmal nicht mit ihr sprechen wollen, sagt sie:

■ Auf der Suche nach Aufmerksamkeit

Spöttelei: teasing | **missbilligend:** disapproving

> »Funny thing [...]. If I catch any one man, and he's alone, I get along fine with him. But just let two of the guys get together an' you won't talk. Jus' nothing but mad. [...] You're all scared of each other, that's what. Ever'one of you's scared the rest is goin' to get something on you.« (S. 98 f.)

Das Misstrauen, das die Männer untereinander hegen, geschürt dadurch, dass sie als Wanderarbeiter immer nur kurze Zeitabstände miteinander verbringen, macht auch vor ihrer Situation nicht halt. Jeder hat Angst, vom anderen verpfiffen zu werden, und so halten alle Abstand zu Curleys Frau.

Sie scheint auch im Haushalt keine Pflichten erledigen zu müssen, die ihr die Langeweile nehmen, oder sie ist schlichtweg nicht daran interessiert, im Haus zu arbeiten: »Think I don't like to talk to somebody ever' once in a while? Think I like to stick in that house alla time?« (S. 99). Diese Abneigung gegen ein Leben als Hausfrau wurde schon früh geweckt, da ihr in ihrer Teenagerzeit eine Karriere im Scheinwerferlicht prophezeit wurde. Durch diese schicksalhaften Momente hat sie sich im Leben ein Ziel gesetzt, das für sie schlichtweg unerreichbar ist. Dies hat sie zu einer frustrierten, gelangweilten Ehefrau eines ungeliebten Manns auf dem Land statt eines Sternchens in Hollywood werden lassen.

Der geplatzte Traum

Misstrauen: mistrust | **verpfeifen:** to tell on s.o. | **Abneigung:** aversion | **Scheinwerferlicht:** limelight

Sie gibt zu, dass es ihr in ihrer Verzweiflung an einem Samstagabend sogar Spaß macht, sich mit Lennie, Candy und Crooks zu unterhalten:

> »– Sat'iday night. Ever'body out doin' som'pin'. Ever'body! An' what am I doin'? Standin' here talkin' to a bunch of bindle stiffs – a nigger an' a dum-dum and a lousy ol' sheep – an' likin' it because they ain't nobody else.« (S. 100)

Wie aus dem obigen Zitat ersichtlich ist, kann sie aber dennoch aufgrund ihrer Verzweiflung nicht nett zu ihnen sein, da sie sich für ein verkanntes Talent hält, das der Welt wegen ihres Schicksals als Curleys Ehefrau vorenthalten wird.

Frau ohne Namen

Ihre Namenlosigkeit betont darüber hinaus ihre Unwichtigkeit auf der Farm. Und obwohl die Bezeichnung »Curleys Frau« auch für eine enge Verbindung zwischen den beiden stehen könnte, so entspricht dies nicht der Wahrheit:

> »Sure I gotta husban'. You all seen him. Swell guy, ain't he? Spends all his time sayin' what he's gonna do to guys he don't like, and he don't like nobody.« (S. 99)

verkannt: unrecognized | **jdm. etw. vorenthalten:** to withhold s.th. from s.o.

Candys Hund

Unter Einsamkeit leidet auch Candy, dessen einziger treuer Begleiter sein alter, kranker Hund ist. Da dieser blind ist und zudem schon keine Zähne mehr hat, kümmert Candy sich aufopfernd um ihn und füttert ihn mit Milch. Er ist bei ihm, seit er ein Welpe war, und hat viele Jahre als Hirtenhund treu an seiner Seite gestanden. Umso verwunderlicher erscheint es, dass Candy zustimmt, dass Carlson ihn erschießen darf. Obwohl Carlson beteuert, er würde dem Hund einen Gefallen tun, zweifelt Candy an dessen Erklärung: »Got no teeth […]. He's all stiff with rheumatism. He ain't no good to you, Candy. An' he ain't no good to himself. Why'n't you shoot him, Candy?« (S. 59). Das Argument, der Hund sei für ihn doch zu nichts mehr nütze, widerspricht der Kameradschaft, die die beiden seit Jahren pflegen. Candy scheint seine Aufgabe als Pfleger für den kranken Hund nichts auszumachen, ganz im Gegenteil. Da jedoch auch Slim in seiner richterähnlichen Rolle für die Tötung und damit Erlösung des Hundes ist, stimmt Candy letztendlich doch zu.

Candy als Geschäftspartner

Um seiner durch den Tod des Hundes drohenden Einsamkeit zu entkommen, möchte Candy mit George und Lennie auf eine gemeinsame Farm ziehen und sich dort um den Haushalt kümmern. Durch den Tod Lennies ist er jedoch gezwungen, den Traum wieder aufzugeben und weiterhin einsam zu bleiben. Seinen Frust darüber lässt er an der toten Frau Curleys aus:

aufopfernd: devotedly (*Adv.*)

»›You God damn tramp,‹ he said viciously. ›You done it, di'n't you? I s'pose you're glad. Ever'body knowed you'd mess things up. You wasn't no good. You ain't no good now, you lousy tart.‹ He sniveled, and his voice shook. ›I could of hoed in the garden and washed dishes for them guys.‹ He paused, and then went on in a singsong. And he repeated the old words: ›If they was a circus or a baseball game … we would of went to her … jus' said 'ta hell with work,' an' went to her. Never ast nobody's say so. An' they'd of been a pig and chickens… an' in the winter… the little fat stove … an' the rain comin' … an' us jes' settin' there.‹ His eyes blinded with tears and he turned and went weakly out of the barn, and he rubbed his bristly whiskers with his wrist stump.« (S. 120)

In diesem Moment wird ihm klar, dass sie den Traum einer eigenen Farm nun nicht weiter verfolgen können, und er einem Schicksal, dem seines Hundes ähnlich, nicht mehr entkommen kann.

Crooks' Diskriminierung

Crooks' Schicksal wiederum ist durch seine Hautfarbe vorherbestimmt. Er ist zwar ein Arbeiter wie die anderen, darf aber als Stallbursche nur niedere Arbeiten verrichten und nicht mit den anderen Arbeitern unter einem Dach schlafen. Lediglich am Hufeisen-Wettwerfen lassen sie ihn teilnehmen, weil er darin sehr gut ist. Seine Einsamkeit bekämpft er mit dem allabendlichen Lesen von Büchern. Er selbst sagt von sich, dass er durch sein einsames Leben als

Einzelgänger langsam wahnsinnig werde. Er erklärt Lennie:

> »S'pose you didn't have nobody. S'pose you couldn't go into the bunkhouse and play rummy 'cause you was black. How'd you like that? S'pose you had to sit out here an' read books. Sure you could play horsehoes till it got dark, but then you got to read books. Books ain't no good. A guy needs somebody – to be near him. [...] A guy goes nuts if he ain't got nobody. Don't make no difference who the guy is, long's he's with you. [...] I tell ya a guy gets too lonely an' he gets sick.« (S. 93)

■ Endstation Farm

Durch sein Schicksal als kranker Mann und die damit einhergehende Abhängigkeit von einem stabilen Job, der nicht zu anstrengend für ihn ist, ist Crooks an die Farm gebunden. Da er aber auf der Farm als »Neger« gebrandmarkt ist, kann er keine Freunde finden und wird seinem Los nie entkommen. Dieses Schicksal teilt er mit Curleys Frau, die auch keine Möglichkeit hat, die Farm zu verlassen. Da jedoch beide aus zu unterschiedlichen Welten stammen, können auch sie sich nicht zusammentun und gegenseitig Trost spenden.

■ Curleys Frust

Auch Curley scheint einsam zu sein. Seine Frau mag ihn nicht und betont, dass auch er niemanden

Einzelgänger: lone wolf | **brandmarken:** to denounce s.o., to stigmatize s.o. | **Los:** lot | **Trost:** consolation

mag. Er ist nicht der Chef, da sein Vater die Farm leitet, ist aber auch kein Arbeiter so wie die anderen. Somit ist er nie Teil einer Gruppe und fängt mit jedem Streit an.

Der American Dream – gescheiterte Existenzen

Außer Slim, der mit seiner Rolle als »Prinz der Farm« Zufriedenheit ausstrahlt, scheinen alle Arbeiter den Traum einer eigenen Farm zu hegen.

■ Die eigene Farm

Der *American Dream*, die Vorstellung, sich durch harte Arbeit vom Tellerwäscher zum Millionär hocharbeiten zu können, dient auch als Vorlage für Georges und Lennies Traum. Diese stehen stellvertretend für alle Wanderarbeiter, die ihr Leben lang für unterschiedliche Vorgesetzte arbeiten und immer ihre eigene Farm vor Augen haben, auf der sie so arbeiten können, wie sie es möchten.

Da der Weg dahin jedoch sehr beschwerlich ist und eine eigene Farm sehr viel kostet, ist dies einem einzelnen Wanderarbeiter so gut wie unmöglich. Finanziell lohnende Partnerschaften wie die von George und Lennie sind aber ebenso unüblich, und so bleibt der Traum für die meisten unerreichbar. Aufgrund dieser doch recht geringen Chance, etwas zu

■ Finanziell unerreichbar

scheitern: to fail | **vom Tellerwäscher zum Millionär:** from rags to riches | **Vorlage:** template, blueprint | **finanziell lohnend:** financially rewarding

erreichen, verprassen viele der Arbeiter ihren Lohn lieber im Freudenhaus oder in den Bars der Stadt und kommen somit finanziell nie auf einen grünen Zweig.

Als sich George und Lennie mit der finanziellen Hilfe von Candy tatsächlich die Möglichkeit bietet, eine Farm zu kaufen, platzt dieser Traum mit Lennies Tod. Dass George aber nicht einmal versucht, den Plan mit Candy weiterzuverfolgen, zeigt, dass er sich damit eventuell nicht so sehr identifizieren konnte wie Lennie oder dass er niemals so richtig daran geglaubt hat, dass der Plan tatsächlich verwirklicht werden könnte.

■ Ein weiterer geplatzter Traum

Auch Curleys Frau trauert ihrem Traum nach, ein gefeierter Filmstar zu werden. Der Floh, der ihr damals ins Ohr gesetzt wurde, bestimmt ab diesem Zeitpunkt ihr gesamtes Handeln und Dasein. Niedere Arbeiten im Haushalt und ein Leben auf einer Farm entsprechen nicht mehr dem selbst gesetzten Ziel, eine prominente Persönlichkeit zu werden. Dieses doch sehr passive Festhalten an einem Traum lässt sie zu einer gescheiterten Existenz werden, die keinerlei Zufriedenheit mehr in ihrem Leben verspürt.

■ Curleys Frau als gescheiterte Existenz

Auffällig ist hierbei, dass sie ihr Schicksal nicht selbst in die Hand nimmt. Sie wartet erst monatelang auf den Brief des Mannes, der sie angeblich

■ Passivität

verprassen: to squander | **jmd. einen Floh ins Ohr setzen:** to put an idea into s.o.'s head | **niedere Arbeiten:** menial work / menial tasks

ins Filmgeschäft bringen wollte. Als dieser nicht kommt, entscheidet sie sich für die bequemste Lösung und heiratet Curley. Eigenständig nach Hollywood zu gehen und dort ihre Karriere selbst in die Hand zu nehmen, scheint ihr nicht in den Sinn zu kommen.

Auch Curley hat keine richtige Aufgabe mehr in seinem Leben. Sein Vater ist der Chef der Farm, seine Boxerkarriere ist schon lange vorbei, und nun tyrannisiert er jeden, der ihm im falschen Moment begegnet. Seine Identität ist keine in der Gegenwart verortete, sondern basiert auf Vergangenem.

■ Curley, der ehemals erfolgreiche Boxer

Die Kaninchen

George verspricht Lennie, er dürfe auf der eigenen Farm Kaninchen halten, in der Hoffnung, dass er diese nicht umgehend versehentlich umbringen würde. Er sagt ihm jedoch auch, dass er sich nur um die Tiere kümmern dürfe, wenn er sie nicht wieder in Schwierigkeiten bringe. Diese Aussage, gepaart mit Lennies Obsession und seinem kindlichen Verhalten, ist die Grundlage für die drohende Katastrophe. Bei allem, was Lennie ab diesem Zeitpunkt tut, hat er den möglichen Verlust der Kaninchen im Hinterkopf.

■ Das Versprechen

Filmgeschäft: film business | **jdn. tyrannisieren:** to tyrannize s.o. | **verortet:** located, situated | **Obsession:** obsession

Curleys Frau als Bedrohung

Als Curleys Frau während des Handgemenges mit Lennie anfängt zu schreien und damit George auf den Plan rufen könnte, bekommt Lennie Panik wegen des drohenden Ärgers, der ihm den Traum von eigenen Kaninchen kosten könnte. Ihm ist in dem Moment überhaupt nicht klar, warum die Frau schreit und dass er lediglich von ihr ablassen müsste. Zuerst bittet er sie, still zu sein, presst ihr aber bereits Mund und Nase zu. In ihrer Panik trampelt Curleys Frau mit den Füßen auf den Boden, windet sich in seinem Griff und versucht zu schreien. Lennie bittet sie: »Oh! Please don't do none of that […]. George gonna say I done a bad thing. He ain't gonna let me tend no rabbits« (S. 114). Weil sie jedoch nicht stillhält und weiter versucht, unter seiner Hand zu schreien, wird er wütend: »You gonna get me in trouble jus' like George says you will. Now don't you do that« (S. 115). Seine völlige Abhängigkeit von Georges Einschätzung aller Situationen in seinem Leben lässt ihn nie alleine denken oder Entscheidungen fällen. So handelt er nur nach dem von George vorgegebenen Muster. Für ihn ist in dieser Situation bereits klar, dass er mit seinem unbeholfen-groben Verhalten gegen Georges Regel verstoßen hat und dass er nun als Konsequenz keine Kaninchen halten darf. Aus seiner Verzweiflung heraus schüttelt er sie so stark, dass er ihr Genick bricht.

jdn. auf den Plan rufen: to call s.o. into action | **Einschätzung:** evaluation

Einseitige/eingleisige Kommunikation

Der Tod von Curleys Frau sowie viele andere problematische Situationen in *Of Mice and Men* könnten verhindert werden oder anders verlaufen, wenn die Figuren besser miteinander kommunizieren würden. Die hier jedoch meist vorherrschende einseitige Kommunikation führt die Charaktere in ihre eigenen Miseren.

George und Lennie

George und Lennie führen zwar viele Gespräche, jedoch kommt es nie zu einer wirklich funktionierenden Kommunikation zwischen ihnen. George redet mehr und Lennie scheint, wenn er denn spricht, an ihm vorbeizureden. Er geht lediglich auf für ihn interessante Themen ein oder spricht nach, was George gesagt hat. Die meisten Details vergisst er augenblicklich wieder:

> »›Where we goin', George?‹ The little man jerked down the brim of his hat and scowled over at Lennie. ›So you forgot that awready, did you? I gotta tell you again, do I? Jesus Christ, you're a crazy bastard!‹ ›I forgot,‹ Lennie said softly. ›I tried not to forget. Honest to God I did George.‹« (S. 8)

Wichtige Dinge muss Lennie daher drei Mal wiederholen, um sie sich dann eventuell merken zu können. In Situationen, in denen George von Lennie eine Ant-

Misere: plight

wort oder Information erwartet, spricht er mit ihm wie mit einem Kind.

Diese intellektuell einseitigen Gespräche führen auch dazu, dass Lennie aus Verzweiflung Curleys Frau tötet. Hätte ihm George besser erklären können, wie er sich verhalten soll und was die Konsequenz seines Handelns ist, statt sich nur auf die Kaninchen zu beziehen, wäre es wahrscheinlich nicht zu der Tragödie gekommen. Da Lennie aber aus den Gesprächen mit George nur die für ihn wichtigen Informationen herausfiltert, wäre vielleicht auch bei einer besseren Erklärung durch George am Ende nur Lennies Angst, die Kaninchen zu verlieren, geblieben.

Crooks und Lennie

Auch Crooks versucht, ein Gespräch mit Lennie zu führen, scheitert aber kläglich. Während er Lennie etwas über seine Kindheit und sein Schicksal erzählt, geht Lennie nicht hierauf ein, sondern stellt ihm nur Fragen zu den Welpen: »Crooks laughed again. ›A guy can talk to you an' be sure you won't go blabbin' […]‹« (S. 91). Erst als er ein für Lennie wichtiges Thema, nämlich Georges derzeitigen Aufenthalt in der Stadt, anspricht, reagiert Lennie kurzzeitig auf das Gespräch.

Die Einseitigkeit dieses Gespräches ist umso tragischer, da Crooks so gut wie nie einen Ansprechpartner hat. Als sich nun endlich die Gelegenheit bietet, möchte er seinen ganzen Frust bei jemandem abladen. Dass er dafür nun genau auf Lennie trifft, der

kläglich scheitern: to fail miserably

kaum zu einer wechselseitigen Kommunikation fähig ist, ärgert Crooks so sehr, dass er anfängt, Lennie gemein zu behandeln.

Da sich niemand mit Crooks unterhalten möchte, liest er jeden Abend in seinen Büchern. Sie sind ihm seine einzige Gesellschaft und stehen für eine sehr einseitige Form der Kommunikation.

■ Crooks und seine Bücher

Curleys Frau wird von den Arbeitern aus Angst vor Curley weitestgehend gemieden. Sie versucht immer wieder, Gespräche mit ihnen anzufangen, scheitert aber kläglich. Den Frust über das ständige Ignoriertwerden kompensiert sie mit zu viel Make-up und ihrem flirtenden Verhalten, das letzten Endes zu ihrem Tod führt.

■ Curleys Frau und die Arbeiter

Als mit Crooks und Curleys Frau die zwei isoliertesten Figuren des Textes miteinander sprechen, kommt es auch in diesem Moment zu keiner echten Kommunikation. Curleys Frau droht Crooks und sagt ihm auf eine ausgesprochen unfreundliche Art und Weise, dass er seinen Mund halten soll: »You know what I can do to you if you open your trap?« (S. 103). Mit der Androhung, ihn erhängen zu lassen, wird auch das letzte bisschen Kommunikation zwischen ihnen unterbunden, und es ist nur noch einer Seite erlaubt zu sprechen.

■ Curleys Frau und Crooks

Tragischerweise ist es Curleys Frau selbst, die Situationen, in denen sie einem echten Gesprächspartner gegenüberstehen würde, kaputt macht. Da sie einen Mann geheiratet hat, den sie nicht mag und dessen Geschichten sie nicht mehr hören kann (»Think I'm

■ Curleys Frau und Curley

gonna stay in that two-by-four house and listen how Curley's gonna lead with his left twicet, and then bring in the ol' right cross? ›One-two‹, he says. ›Jus' the ol' one-two an' he'll go down‹«, S. 99), muss davon ausgegangen werden, dass auch zwischen den beiden keine gut funktionierende Kommunikation stattfindet. Da außerdem immer einer von beiden vorgibt, den anderen zu suchen, scheinen sie sich auch aus dem Weg zu gehen, was einer Kommunikation nicht sehr förderlich ist.

■ Curleys Frau und Lennie

Curleys Frau versucht, kurz bevor es zum Mord kommt, mit Lennie zu kommunizieren. Sie schüttet ihm ihr Herz aus und erzählt von ihrer verpassten Chance beim Film und dass sie ihren Mann nicht mag. Statt darauf einzugehen, spricht Lennie lediglich über den toten Hundewelpen. Erst als sie ihn auf seine Leidenschaft für weiche Materialien anspricht, antwortet ihr Lennie. Leider führt dies dann auch dazu, dass sich das Gespräch um ihre Haare dreht und somit die Katastrophe einleitet.

■ Curley und Lennie

Schon bei ihrem ersten Treffen wird Curley wütend, da Lennie nicht mit ihm spricht. Weil George Lennie jedoch verboten hat, mit Curley zu reden, hält dieser sich eisern an diese Regel. Von diesem Zeitpunkt an hegt Curley einen Groll gegen Lennie. Als sie das nächste Mal aufeinandertreffen, wird Curley

etw. förderlich sein: to be conducive to s.th. | **jdm. das Herz ausschütten:** to pour one's heart to s.o. | **verpasste Chance:** missed chance | **eisern an die Regel halten:** to stick unwaveringly to the rules

von Slim, Carlson und Candy verhöhnt. Curley fragt Lennie, der gerade einem ganz anderen Gedanken nachhängt, daraufhin wütend, warum er denn so grinse: »Lennie was still smiling with delight at the memory of the ranch. Curley stepped over to Lennie like a terrier. ›What the hell you laughin' at?‹ Lenny looked blankly at him. ›Huh?‹ Then Curley's rage exploded« (S. 81 f.). Da Lennie in diesem Moment gar nicht weiß, warum er angesprochen wird, und weil George ihm verboten hat, mit Curley zu sprechen, sagt er nichts. Er erklärt also auch Curley nicht, warum er vor sich hin gegrinst hat. Aufgrund der einseitigen Kommunikation kommt es zu einem Kampf zwischen Lennie und Curley, der sich dadurch provoziert fühlt, dass ihn sein Gegenüber scheinbar ignoriert.

Slim und George

Slims vertrauenswürdige Art lädt George dazu ein, ihm zu erzählen, warum er und Lennie von der anderen Farm fliehen mussten und warum sie zusammen reisen. Auch hier handelt es sich um eine recht einseitige Kommunikation, denn Slim gibt im Gegenzug keine Geheimnisse von sich preis. Der Unterschied zu den anderen fehlgeschlagenen Gesprächen ist jedoch, dass George sich nach der Unterhaltung anscheinend gelöster fühlt und somit die Einseitigkeit mehr einer Beichte ähnelt, die Erleichterung verschafft.

einem Gedanken nachhängen: to daydream | **vertrauenswürdig:** trustworthy | **Beichte:** confession

Candy und sein Hund

Candys ständiger Begleiter ist sein alter Hund. Da er als kranker und alter Mann nicht mehr mit auf die Felder fahren kann und sich nur um die Sauberkeit der Baracke kümmert, ist der Hund tagsüber sein einziger Kontakt. Mit dem Tier ist aber natürlich keine echte Kommunikation möglich.

Der Dialekt

Charakterisierung durch Dialekt

Steinbeck nutzt die dialektalen Abweichungen vom Standardenglischen geschickt, um den Charakter der jeweils sprechenden Figur zu unterstreichen: George und Lennie verwenden untereinander und auch in der Gesellschaft der anderen Arbeiter starken Dialekt. Trifft George jedoch auf eine Autoritätsperson, beispielsweise den Chef der Farm, ist er sehr wohl in der Lage, fast dialektfrei zu sprechen: »›He can do anything you tell him,‹ said George. ›He's a good skinner. He can rassel grain bags, drive a cultivator. He can do anything. Just give him a try‹« (S. 31).

Die anderen Arbeiter sprechen alle den gleichen Dialekt wie George und Lennie und dies ebenfalls in einer ausgeprägten Form. Auch Crooks, der ebenfalls in Kalifornien geboren ist, spricht so. Auffällig ist dabei, dass sie ihn aufgrund seiner Hautfarbe dennoch nicht als einen von ihnen ansehen.

Auch Curleys Frau spricht diesen Dialekt sehr ausgeprägt und wechselt im gesamten Text nicht einmal

dialektfrei: without any dialect

in eine höhere Sprachebene. So sagt sie beispielsweise nicht *pictures* (sie meint damit Kinofilme), sondern *pitchers* oder auch *I coulda* für *I could have* (S. 111). Die Tatsache, dass sie nicht des Standardenglischen mächtig ist, betont noch einmal, wie wenig Chancen sie wirklich gehabt hätte, in Hollywood Fuß zu fassen.

Die Rassentrennung

Crooks, der farbige Stallbursche, ist auf der Farm ein Opfer der Rassentrennung. Obwohl er ebenfalls Amerikaner ist, darf er sich nicht so verhalten und bewegen wie die übrigen weißen Arbeiter. Die unfreiwillige Abschottung und seine Verletzung der Wirbelsäule binden ihn an die Farm und an sein Kämmerchen hinter der Scheune. Um dennoch seine Würde zu wahren, gibt er vor, sich absichtsvoll zurückzuziehen, und behandelt die Arbeiter so, wie sie ihn behandeln.

■ Unfreiwillig Außenseiter

Als Lennie sich seinem Zimmer nähert und einfach über die Schwelle tritt, fühlt Crooks sich zunächst angegriffen, denn ihm selbst ist es nicht erlaubt, die Baracke der Arbeiter zu betreten. Weil er sich jedoch der Naivität Lennies bewusst wird, lädt er ihn ein sich hinzusetzen und beginnt ein Gespräch mit ihm. Er erzählt Lennie von seinem Leid, als farbiger Amerika-

■ Ein Gespräch mit Lennie

Sprachebene: stylistic level | **unfreiwillig:** involuntary | **die Würde wahren:** to retain one's dignity | **über die Schwelle treten:** to cross the threshold | **Leid:** sorrow

ner nicht gesehen und gehört zu werden. Sein Wort ist für niemanden von Entscheidung: »This is just a nigger talkin', an' a busted-back nigger. So it don't mean nothing, see?« (S. 91). Schicksalhafterweise schüttet er sein Herz der einzigen Person auf der Farm aus, die geistig zu keiner normalen Konversation fähig ist. Und so reagiert auch Lennie nicht, solange Crooks über sich selber spricht. Die Tragik, immer einsam und ohne Ansprechpartner zu sein, wird auch durch Lennies Anwesenheit nicht gelindert.

■ Erinnerungen an die Kindheit

In Crooks' Kindheit besaß sein Vater eine Hühnerfarm. Crooks denkt sehnsüchtig an die Zeit dort zurück. Die vorherrschende Rassentrennung scheint für ihn als Kind nicht von Bedeutung gewesen zu sein. Er erinnert sich an die weißen netten Kinder aus der Nachbarschaft, die mit ihm spielten, an seine Brüder, seinen Himbeerstrauch und seine Luzerne. So schlummert auch in ihm weiterhin der Traum einer eigenen Farm oder zumindest eines Orts, an dem er als farbiger Mann so leben kann, als wäre die Hautfarbe nicht von Belang.

■ Crooks bietet sich als Hilfsarbeiter an

Ähnlich wie die Kinder in Crooks' Erinnerung misst auch Lennie der Hautfarbe keine Bedeutung bei, und so erlaubt sich Crooks, für einen Moment seine Ablehnung zu überwinden, und fragt, ob auch er mit George, Candy und Lennie auf die Farm ziehen dürfe: »If you … guys would want a hand to work for

Luzerne: lucerne | **nicht von Belang sein:** to be insignificant | **Ablehnung:** rejection nothing – just his keep, why I'd come an' lend a hand. I ain't so crippled I can't work like a son-of-a-bitch if I want to« (S. 98). Er bietet ihnen sogar an, unentgeltlich für Kost und Logis zu arbeiten. Tragischerweise betritt genau in diesem Moment Curleys Frau den Raum und hindert Candy und Lennie daran, zu antworten. Als diese beginnt, mit den Männern zu streiten, befiehlt ihr Crooks, seine Kammer zu verlassen:

> »You got no rights comin' in a colored man's room. You got no rights messing around in here at all. Now you jus' get out, an' get out quick. If you don't, I'm gonna ast the boss not to ever let you come in the barn no more.« (S. 103)

Sie droht ihm daraufhin, dass er wohl wisse, was sie ihm antun könnte: »›Listen, Nigger,‹ she said. ›You know what I can do to you if you open your trap?‹« (S. 103). Crooks fällt daraufhin regelrecht in sich zusammen, setzt sich gebrochen auf eine Bank und versucht, sich immer kleiner zu machen. Er sagt nur: »Yes, ma'am« (S. 103). Sie antwortet ihm daraufhin: »Well, you keep your place then, Nigger. I could get you strung up on a tree so easy it ain't even funny« (S. 103). Obwohl auch sie ein Opfer der Situation auf der Farm ist, so lässt sie dennoch ihren Frust an der einzigen noch schwächeren Person aus. Aufgrund sei-

unentgeltlich: free (of charge) | **jdn. an etw. hindern:** to hinder s.o. from s.th.

nes Schicksals als farbige Person weiß Crooks, dass er auf jeden Fall ungerecht behandelt werden würde, sollte sie irgendetwas über ihn behaupten. So wird ihm in diesem Moment wieder sein Platz in dieser Welt bewusst, und er zieht sich völlig in sich zurück: »Crooks had reduced himself to nothing. There was no personality, no ego – nothing to arouse either like or dislike. He said, ›Yes, ma'am,‹ and his voice was toneless« (S. 103). Der Abend mit Candy und Lennie hatte ihn für kurze Zeit vergessen lassen, dass sein Schicksal durch seine Hautfarbe bereits vorherbestimmt ist und dass er niemals ein frei entscheidender und agierender Mann sein wird.

■ Crooks' Realität

Der Traum von der eigenen Farm schien ihm als ein Hoffnungsschimmer, aus seinem Gefängnis entfliehen zu können, doch Curleys Frau hat ihn unsanft in die Realität zurückgeholt. Er sagt zu Candy:

■ Crooks gibt auf

»›Member what I said about hoein' and doin' odd jobs?‹
›Yeah,‹ said Candy. ›I remember.‹
›Well, jus' forget it,‹ said Crooks. ›I didn't mean it. Jus' foolin'. I wouldn' want to go no place like that.‹« (S. 106)

Crooks ist erneut schlagartig klar geworden, dass nichts sein Los in dieser Welt ändern kann.

Hoffnungsschimmer: silver lining, glimmer of hope | **unsanft:** hard, rough | **schlagartig klar werden:** to become clear all at once

Abb. 3: *Seperate but equal*: Rassentrennung im Waschraum

Angesichts der Tatsache, dass Crooks ein intelligenter Mann ist, erscheint seine aussichtslose Situation umso schlimmer. Er besitzt einige Bücher und Wörterbücher, die er regelmäßig konsultiert, was darauf schließen lässt, dass er entweder die Schule besucht oder sich autodidaktisch das Lesen beigebracht hat. Dies zeigt noch einmal, wie trostlos sein Leben als Stallbursche sein muss. Noch dazu ist es sehr wahrscheinlich, dass einige der anderen Arbeiter im Gegensatz zu ihm nicht lesen können, trotzdem bevorzugt behandelt werden und bessere Jobs ausüben dürfen.

Die Bücher

konsultieren: to consult | **autodidaktisch:** autodidactic, self-taught

Zu Crooks' Büchern gehört auch eine abgenutzte Ausgabe des *California Civil Code* aus dem Jahr 1905 (S. 86). Das Gesetzbuch legt die zivilen Rechte aller Einwohner Kaliforniens fest. Dem Gesetz nach müsste die Diskriminierung Farbiger bestraft werden. Diese Vorschrift de jure wurde aber de facto gar nicht umgesetzt. In der Zeit von 1896 bis 1964 befeuerte nämlich die folgende Doktrin den systemischen Rassismus weiter: Es dürfe für Farbige eigene Einrichtungen aller Art (Restaurants, Kinos, öffentliche Toiletten, Wasserspender etc.) geben, solange sie gleichwertig seien. Dieser Grundsatz wurde unter dem Schlagwort *separate but equal* zusammengefasst. Die Einrichtungen für die nicht-weiße Bevölkerung erwiesen sich zwar deutlich als abgetrennt (*separate*), jedoch selten als gleichwertig (*equal*).

abgenutzt: worn | **de jure:** legally, by right | **de facto:** in actuality, factually

7. Autor und Zeit

Biographie

John Ernst Steinbeck Jr. wurde am 27. Februar 1902 in Kalifornien geboren. Mit seinen Eltern John Ernst Sr., einem Buchhalter, und Olive Steinbeck, einer Lehrerin, sowie seinen drei Schwestern wohnte er in Salinas, einer kleinen, wohlhabenden Stadt südlich von San Francisco. Bereits als Teenager verliebte er sich in seine immergrüne Heimat und die Natur rund um Salinas. So spielt fast die Hälfte seiner Werke in der Gegend südlich von San Francisco. Steinbecks Protagonisten sind die Menschen, die ihn sein Leben lang begleitet haben: Arbeiter auf den Feldern, Besitzer großer Farmen, Einwanderer und deren Kinder.

In den Sommermonaten arbeitete Steinbeck auf Farmen in der Nähe seines Wohnortes und wurde so mit der Arbeit mit Tieren und auf den Feldern bekannt. Seine Liebe zu Büchern wurde ihm von seiner Mutter in die Wiege gelegt. Schon in der Highschool beschloss Steinbeck, Schriftsteller zu werden, und verfasste zu dieser Zeit seine ersten Texte.

■ Erste Texte

■ Der Student

Auch während seines Studiums der Geisteswissenschaften an der Universität Stanford arbeitete er weiterhin in den Sommermonaten als Farmarbeiter, um

Buchhalter: accountant, bookkeeper | **wohlhabend:** wealthy | **immergrün:** evergreen | **etw. in die Wiege gelegt bekommen:** to be endowed with sth. | **Geisteswissenschaften:** humanities

sich seinen Unterhalt zu verdienen und von der vergeistigten Universität Abstand zu gewinnen. Da er kein gewissenhafter Student war und lieber las oder arbeitete, anstatt den Kursen beizuwohnen, nutzte er in den Semesterpausen weiterhin jede sich bietende Möglichkeit, temporäre Jobs anzunehmen. In dieser Zeit aß, schlief und arbeitete er unter denselben Bedingungen wie die übrigen *farm hands*, nicht selten waren seine Arbeitskollegen Einwanderer aus Mexiko. So erlebte er die zentralen Geschehnisse einiger seiner späteren Werke am eigenen Leib. Er tauchte ein in die Welt der Unterprivilegierten und gab dann ihre Geschichten, oft sozialkritisch, wieder.

■ Lennie: eine wahre Geschichte

Auch die Figur des Lennie ist nicht komplett der Phantasie entsprungen: Steinbeck arbeitete eine Zeitlang mit einem Mann zusammen, der wie Lennie kognitiv zurückgeblieben war. Dieser Mann ärgerte sich über die Entlassung eines Freundes so sehr, dass er mehrfach mit einem Messer auf einen Vorarbeiter einstach und diesen tötete. Steinbeck wurde Zeuge dieses Vorfalls.

■ *Cup of Gold*

1929 wurde mit dem Roman *Cup of Gold* sein erstes Werk veröffentlicht und Steinbeck konnte als Schriftsteller Fuß fassen. Im folgenden Jahr heiratete Steinbeck seine damalige Freundin Carol Henning. Die beiden lebten in der Nähe von Los Angeles.

Abstand gewinnen: to take a step back | **gewissenhaft:** diligent | **unterprivilegiert:** under-privileged | **Vorarbeiter:** foreman | **Vorfall:** incident

Ebenfalls 1930 freundete sich Steinbeck mit dem Meeresbiologen Ed Ricketts an, der schnell sein engster Vertrauter wurde. Ricketts, nicht nur berufsbedingt ein Befürworter der Evolutionstheorie, steckte Steinbeck mit seinem regen Interesse für die Forschung an und änderte dessen Weltanschauung gravierend. Fortan interessierte sich Steinbeck verstärkt für den Ist-Zustand der Welt und das Individuum als kleines Puzzleteil einer Gesellschaft, das sich lediglich seiner Natur entsprechend verhalten kann und muss.

Ed Ricketts

Mit der Veröffentlichung von *Of Mice and Men* 1937 wurde Steinbeck schließlich berühmt. Die damit einhergehende Aufmerksamkeit bereitete dem zurückgezogen lebenden Autor jedoch Schwierigkeiten und so hielt er sich meist im Hintergrund.

Of Mice and Men

Zu dieser Zeit kriselte es bereits sehr in seiner Ehe. Hinzu kamen depressive Tendenzen und der Zweifel am eigenen Können. Gerade in dieser für ihn unsicheren Phase wird sein Roman, *The Grapes of Wrath*, 1940 mit dem Pulitzerpreis ausgezeichnet.

Eheprobleme

Entgegen seiner einstigen Überzeugung, sich aus der Weltpolitik heraushalten zu wollen, trifft Steinbeck mehrmals auf Präsident Franklin D. Roosevelt und entwickelt so ein erneutes Interesse an der Politik des Zweiten Weltkrieges. 1942 schreibt er *Der Mond ging unter*, ein propagandistisches Werk, das in

Politisches Engagement

Meeresbiologe: marine biologist | **Befürworter:** proponent | **Evolutionstheorie:** theory of evolution | **gravierend:** drastically (*Adv.*) | **Tendenz:** tendency | **auszeichnen:** to award | **propagandistisch:** propagandistic

Abb. 4: John Steinbeck 1962 in Schweden, um den Nobelpreis für Literatur in Empfang zu nehmen

nazibesetzte Länder geschmuggelt wurde und zum Widerstand gegen Diktaturen aufruft.

Im selben Jahr beendete Steinbeck die bereits seit Jahren kriselnde Ehe mit Carol und zog mit seiner Affäre, der Sängerin Gwyndolyn Conger, nach New York. Bereits im darauffolgenden Jahr heirateten die beiden.

■ Scheidung und neue Liebe

Doch auch in New York hielt es Steinbeck nicht lange und so ließ er sich als Kriegsreporter für den *New York Herald* nach Europa schicken, um von den dortigen Kriegsschauplätzen zu berichten. Er wurde bekannt für seine schonungslosen Beschreibungen der dort vorherrschenden Bedingungen und des Lebens der amerikanischen Soldaten.

■ Der Kriegsreporter

Nach seiner Heimkehr wurde er 1944 Vater des kleinen Thomas und 1946 von dessen Bruders John.

■ Die Söhne Thom und John

Dennoch vernachlässigte er Gwyndolyn ebenso wie schon Carol und nach fünf Jahren miserabler Ehe reichte Gwyndolyn die Scheidung ein. Zur gleichen Zeit starb Ed Ricketts, sein bester Freund, bei einem Autounfall. Steinbeck zog sich nach diesen traurigen Ereignissen gebrochen an die Westküste zurück und renovierte, unfähig zu schreiben, das Ferienhaus seiner Eltern.

■ Zwei Trauerfälle

Elaine Scott, die Freundin einer Bekannten, riss Steinbeck schließlich wieder aus seiner Lethargie. Als

■ Eine neue Liebe

nazibesetzt: Nazi-occupied | **Widerstand:** resistance | **Diktatur:** dictatorship | **Kriegsschauplatz:** theater of war | **schonungslos:** unsparing | **Lethargie:** lethargy

diese sich 1949 von ihrem Mann scheiden ließ, folgte Steinbeck ihr zurück nach New York und heiratete sie 1950.

Der Globetrotter

In den kommenden Jahren unternahm Steinbeck mit Elaine einige Reisen, unter anderem drei große Touren durch Europa. Steinbecks Gesundheitszustand variierte zu dieser Zeit bereits zwischen schlecht und schlechter, jedoch nahm er sich nicht zurück und stand weiterhin, auch während der Reisen, permanent in der Öffentlichkeit.

Der Nobelpreis

1962 erhielt Steinbeck den Nobelpreis für Literatur, doch auch dieser konnte seine immerwährenden Zweifel an seinem literarischen Können nicht beseitigen. An den Erfolg von *The Grapes of Wrath* konnte Steinbeck nie wieder anknüpfen. Auch sein von ihm als Lebenswerk auserkorenes *East of Eden* (1952) wurde von den Kritikern nicht so angenommen, wie er es erhofft hatte. Jedoch war Steinbeck zu diesem Zeitpunkt bereits psychisch und physisch ausgelaugt und zweifelte an seinem Schaffen. Dennoch war er weiterhin ein gern gesehener Gast in den elitären Kreisen der amerikanischen Oberschicht und traf hierbei auch des Öfteren auf Präsident John F. Kennedy.

Tod

Am 20. Dezember 1968 starb John Steinbeck nach mehreren kleinen Schlaganfällen und weiteren gesundheitlichen Gebrechen in New York an Herzversagen.

Gesundheitszustand: health | **an etw. anknüpfen:** to build on sth. | **auserkoren:** chosen | **ausgelaugt sein:** to be exhausted | **Schlaganfall:** stroke

Werk

Steinbeck schrieb während seiner Karriere Monographien, Reisetagebücher, Reportagen, Erzählungen und auch Drehbücher.

Steinbeck war ein Mann der Kontroverse. Er versuchte immer die Wahrheit im Moment des absoluten Seins darzustellen. Diese Art zu schreiben machte ihn gleichzeitig zu einem gefeierten, aber auch stark kritisierten Autor. Bis auf *The Grapes of Wrath*, Steinbecks größten Erfolg, wurde keines von Steinbecks Werken von den Kritikern vorbehaltlos als gelungen empfunden. Viele fanden seine Werke zu plakativ, die Charaktere zu flach. Andere jedoch bejubelten in ebendiesen Werken die Auseinandersetzung mit der Gesellschaft. Die Achterbahnfahrt zwischen Erfolg und Misserfolg ließ Steinbeck trotz zahlreicher erfolgreicher Publikationen immer wieder an seinem Schaffen zweifeln.

■ Geliebt und gehasst

1929 schrieb Steinbeck sein erstes Werk *Cup of Gold: A Life of Sir Henry Morgan, Buccaneer, with Occasional Reference to History* – einen historischen Roman über den Piraten Henry Morgan, auf der Suche nach Schätzen und einer mysteriösen Dame. Der Roman wurde von der Öffentlichkeit jedoch wenig beachtet.

■ Historischer Roman

plakativ: blunt, broad-stroked | **Achterbahnfahrt:** roller-coaster ride | **Publikation:** publication

Schon mit seinem zweiten Roman *The Pastures of Heaven* (1932) beginnt Steinbeck mit der Porträtierung kalifornischer Einwohner. Das Werk besteht aus zwölf miteinander verwobenen Geschichten über in einem Tal zusammenlebende Familien und deren Alltag. Auffällig sind hierbei bereits die von Steinbeck so oft und gerne genutzten Stereotypen: unter anderen der spanische General, der das Land der Ureinwohner einnimmt, Maria und Rosa, zwei mexikanische Schwestern, die nicht nur Gerichte, sondern auch ihren Körper verkaufen, oder die Familie Munroe, die hofft, in dem Tal ihr Glück zu finden, aber ungewollt das bis dahin unterdrückte Böse in der Gemeinschaft ausbrechen lässt.

■ Darstellungen von Familien

Mit *In Dubious Battle* (1936) äußert Steinbeck das erste Mal offiziell und eindeutig Kritik an der sozialen Ungerechtigkeit der Gesellschaft, in der er lebt. Zentrales Thema ist die systematische Ausbeutung saisonaler Hilfsarbeiter und deren Versuch, ihre Situation durch Streiks zu verbessern, die jedoch brutal niedergeschlagen werden.

■ Sozialkritik

Das Werk *Of Mice and Men* (1937), das ebenfalls vom Thema der verarmten und ausgenutzten *farm hands* handelt, bringt schließlich den großen Durchbruch. Steinbeck wird von den Kritikern gefeiert und über Nacht berühmt. Er jedoch ist von seiner neuen öffentlichen Popularität wenig begeistert und beginnt sich zurückzuziehen.

■ Der große Durchbruch

Porträtierung: portrayal | **verwoben:** interwoven | **Ausbeutung:** exploitation

The Grapes of Wrath wird und bleibt Steinbecks erfolgreichstes Werk. 1939 wird es veröffentlicht, 1940 mit dem Pulitzerpreis ausgezeichnet. Es handelt von den *Okies*, den Farmarbeitern, die harte Arbeit leisten und zugleich unter schlimmen Bedingungen leben müssen, ausgesprochen schlecht bezahlt werden und in denen deshalb »Die Früchte des Zorns« reifen. Steinbeck zeigt ungefiltert die Missstände und sozialen Ungerechtigkeiten auf und wird für seine schockierend realistische Darstellung sowohl gefeiert als auch kritisiert.

■ Pulitzer-Preis

Mit *The Moon Is Down* (1942) wagt sich Steinbeck an ein politisches Thema und schreibt über eine Gesellschaft, die unter einer Diktatur leidet und in der sich ein Widerstand formiert. Das Werk wurde als Propaganda in einige von Nazis besetzte Länder geschmuggelt.

■ Politik als zentrales Thema

In den folgenden Jahren versucht sich Steinbeck erfolgreich als Kriegsreporter und erlebt Seite an Seite mit den Soldaten den Zweiten Weltkrieg aus nächster Nähe und berichtet aus deren fürchterlichem Alltag.

■ Kriegsreporter

East of Eden wird 1952 Steinbecks längstes und aufwendigstes Werk, dessen Handlung sich über mehrere Jahrzehnte erstreckt. So wie viele seiner Werke wird auch dieses von der breiten Masse sehr gut aufgenommen und gekauft, die Kritiker reagieren hierauf jedoch wie meist bei Steinbecks Werken verhalten.

■ Das umfangreichste Werk

ungefiltert: unfiltered

Kritik an der amerikanischen Gesellschaft

Mit *The Winter of Our Discontent* (1961) übt Steinbeck harsche Kritik an der amerikanischen Konsumgesellschaft. Auch in *America and Americans* (1966) zeigt er, ohne offensichtliche Kritik zu üben, die Schwächen der amerikanischen Gesellschaft und deren Opfer auf.

Roadtrip

Mit seinem Hund Charley bricht Steinbeck auf und reist in einem Camper durch den Westen Amerikas in der Hoffnung, das Land und seine Bewohner noch einmal so intensiv zu erleben, wie er es als *farm hand* getan hat. *Travels with Charley: In Search of America* (1962) erzählt von dieser Reise.

Biographische Elemente

Auch wenn Steinbeck dies nie öffentlich bestätigte, scheinen sich in fast allen seinen Werken autobiographische Elemente wiederzufinden. So hat er die Schauplätze selbst kennengelernt und oftmals zentrale Ereignisse seiner Geschichten auf den Farmen, bei Exkursionen mit Ed Rickett oder als Reporter in Kriegsgebieten so oder so ähnlich selbst erlebt.

Konsumgesellschaft: consumer society

8. Rezeption

Of Mice and Men ist auch heute noch in vielen Ländern der Welt, aber vorrangig in den USA, eine der bekanntesten und beliebtesten Schullektüren. Bereits vor der Veröffentlichung wurde *Of Mice and Men* von den Anhängern Steinbecks als ein weiteres ›Wunderwerk‹ des bekannten Autors gehandelt, und genauso begeistert wurde es dann auch von vielen Kritikern aufgenommen.

Gelobt wurde die Möglichkeit der Identifikation mit den beiden Protagonisten George und Lenny, die in einer von sozialer Ungerechtigkeit geprägten Gesellschaft zu überleben versuchen. Des Weiteren gefielen die realistische Darstellung der Zustände in den Farmen und das dramatische Ende. Aber es waren auch genau diese als positiv gewerteten Aspekte, die von Steinbecks Gegnern stark kritisiert wurden. So sei die animalische Darstellung der Personen zu darwinistisch, diejenige von behinderten oder rassistisch benachteiligten Menschen politisch inkorrekt, die Handlung zu grausam, die Sprache zu vulgär und das Ende zu brutal. Einige Kritiker werfen dem Autor sogar das Befürworten von Euthanasie vor. Dass Steinbeck nicht nur die allgemein vorherrschende Realität wiedergibt, sondern auch noch einen von ihm selbst erlebten und somit so realistisch wie möglichen Aus-

■ Gefeiert und kritisiert

darwinistisch: Darwinian | **Euthanasie:** euthanasia

zug aus dem Leben der *farm hands* darstellt, schien für manche anstößig zu sein.

Zensur und Verbannung

Seit dem Erscheinen zählt *Of Mice and Men* zu den am häufigsten verbotenen Büchern in den USA und anderen Staaten. Auch heute noch versuchen vorrangig amerikanische Gruppen von Eltern, Lehrern oder Privatleuten oftmals erfolgreich, das Werk aus Schulen und Bibliotheken zu verbannen. Besonders die derbe Umgangssprache, die Darstellung der Frau und die Unterdrückung des einzigen schwarzen Farmarbeiters werden als Gründe für eine Zensur genannt.

Übersetzungen

Dennoch wurde *Of Mice and Men* in viele Sprachen übersetzt und bleibt eines der meistgelesenen Bücher in den Schulen der Welt. Der Erfolg des Werkes zeigt sich auch in den vielfältigen Adaptionen.

Im Theater am Broadway

1937 wurde erstmals eine von Steinbeck selbst verantwortete Inszenierung von *Of Mice and Men* auf dem Broadway aufgeführt. Sie wurde 1938 mit dem Preis *Best Play* vom *New York Drama Critics' Circle* ausgezeichnet. 1970 schrieb Carlisle Floyd eine Oper basierend auf Steinbecks Werk.

Im TV und Kino

1939 wurde der erste Kinofilm unter der Regie von Lewis Milestone gedreht. 1968 und 1981 folgten verschiedene TV-Adaptionen und 1992 eine Theaterverfilmung von Gary Sinise mit John Malkovich in der Rolle des Lennie.

2010 wurde *Of Mice and Men* von Donna France-

Umgangssprache: colloquial language, vernacular | **Adaption:** adaptation

Abb. 5: Theaterverfilmung von 1992 mit John Malkovich

schild als Radiostück adaptiert und beim BBC ausgestrahlt. ■ Im Radio

Bereits ein Jahr nach der Ausstrahlung des ersten Films gab es die ersten Parodien. Der 9-minütige Cartoon *Of Fox and Hounds* imitiert die Protagonisten Lennie und George. ■ Parodien

Ebenso lieferten die beiden die Vorlage für George und Junior im Cartoon *Henpecked Hoboes*.

Darüber hinaus gibt es zahlreiche Bezüge auf das Werk und die Protagonisten in der Popkultur. So erscheinen Lennie und die Kaninchen häufig bei den *Looney Tunes*. Auch die viel gefeierte Fernsehserie ■ In der Popkultur

Ausstrahlung: airing, broadcast | **Bezug:** reference | **Popkultur:** pop(ular) culture

LOST bezieht sich in zwei ihrer Folgen auf die Handlung von *Of Mice and Men*. Die aus der Zeichentrickserie *Animaniacs* bekannten Mäuse Pinky und Brain sollen die Protagonisten George und Lenny als Vorlage gehabt haben. Ebenso bedienen sich *Family Guy* oder die *Simpsons* der Protagonisten, des Hundewelpen oder der Kaninchen und beziehen sich dabei auf Szenen aus *Of Mice and Men*.

Stephen King

2007 verfasste Stephen King sein Buch *Qual* unter dem Pseudonym Richard Bachman. Dieses handelt von dem körperlich misshandelten und dadurch leicht behinderten Blaze, der mit seinem Kumpel George Straftaten begeht, bis ihr Leben eine unerwartete Wende nimmt. Stephen Kings *Qual* ist aufgrund der Parallelen der Protagonisten (ein leicht behinderter Junge und sein Freund George) und des sich teilweise ähnelnden Inhalts als Hommage an Steinbecks *Of Mice and Men* zu sehen.

Pseudonym: pseudonym, pen name | **eine unerwartete Wende nehmen:** to take an unexpected turn

9. Prüfungsaufgaben mit Lösungshinweisen

Aufgabe 1

Characterize **George** or **Lenny** in a coherent text of about 250 words. Think of what you get to know about them by

- their actions,
- the narrator,
- what they say about themselves,
- and what the others say about them.

Lösungshinweise

George Milton

Appearance

- »dressed in denim trousers and in denim coats with brass buttons«
- »black, shapeless hats«
- »small and quick«
- »dark of face, with restless eyes and sharp, strong features«
- »Every part of him was defined: small, strong hands, slender arms, a thin and bony nose.« (S. 5)

Social status

- works as a farm hand
- travels through the country, looking for jobs
- has no real home

- Lennie's friend and protector
- single, unmarried
- uses a Southern dialect typical for socially underprivileged people

Character
- clever
- selfless
- makes the decisions for him and Lennie
- now loyal to Lennie (used to play tricks on him in the past)
- does not like to be alone and cherishes fortune of being able to travel with Lennie
- patient (he repeats everything at least three times for Lennie)
- sometimes depressed and unhappy, because he has to take care of Lennie the whole time
- uses a lot of swearwords
- likes to spend time with the other farm hands

Additional information
- dreams of having his own farm together with Lennie
- becomes a killer to save Lennie from the cruelty of the other workers

Lennie Small

Appearance
- »a huge man«
- »shapeless of face, with large, pale eyes«
- »wide, sloping shoulders«

- »he walked heavily, dragging his feet a little«
- »His arms did not swing at his sides, but hung loosely.« (S. 5)

Social status

- works as a farm hand
- travels through the country, looking for jobs
- has no real home
- George's friend
- absolutely dependent on George
- single, unmarried
- uses a Southern dialect typical for socially underprivileged people

Character

- cognitively disabled
- more like a child than a man
- loves to touch and stroke soft substances like fur or hair
- loves mice and rabbits because of their fur
- open-minded towards other people
- people like to tell him their story
- does not care about racial discrimination
- cannot see the attraction of women

Additional information

- dreams of having his own farm together with George
- imitates George's behavior
- depends on George's rules
- because of his animal-like behavior he is often compared to them: »[He] drank with long gulps, snorting

into the water like a horse.« (S. 5) / »Lennie dabbled his big paw in the water« (S. 6) / »Slowly, like a terrier who doesn't want to bring a ball to its master, Lennie approached« (S. 14)

- often kills mice when he pets them
- kills a puppy
- kills a woman (Curley's wife)
- touched a woman in an indecent way

Aufgabe 2

Creative writing: Write a coherent text of about 250–300 words.
Imagine you are George. You have just realized that Lennie killed Curley's wife and that he is hiding in the bushes next to the Salinas River. You want to help him and run away with him. You are the first to arrive at Lennie's hideaway. How do you plan your escape with all the farm workers following you?

Consider the following:

1. How do you make Lennie aware that you are there without the other men noticing you?
2. How do you escape with Lennie without being seen or leaving traces?
3. Where do you go to and how can you escape the past?

Lösungshinweise

1.

- to sneak quietly all the way to Lenny
- to run to Lenny as fast as you can
- to whisper to him to follow you

2.

- to run faster than the other farm workers
- to cover your tracks with a stick
- to decide to swim through the Salinas River not to leave any tracks
- to hide somewhere else and wait until the farm workers stop looking for you

3.

- to another farm far away and try to get work there by lying about the past
- back home to the old house of Lennie's aunt, trying to make your own living
- to live in the woods for some time until everybody forgets
- to live in the cave Lennie mentions sometimes

Aufgabe 3

Writing about facts: What do you get to know about the lives (and problems) of
1. the farm workers,
2. Curley's wife as the only woman, and
3. Crooks as the only black person at the farm?
Write a coherent text of about 200–250 words.

Lösungshinweise

1. Farm workers

- have to sleep all together in a bunkhouse
- sleep in beds that sometimes have bed bugs from the person who has slept there before
- are lonely
- normally stay only for a short period of time and then have to find another job
- are dependent on the friendliness of the farm's boss
- all eat together
- often go out at night to bars or whorehouses
- often spend their money in town
- often dream of having their own farm

2. Curley's wife

- feels alone at the farm
- is ignored by the farm workers, because they are afraid of Curley
- does not like her husband

- does not like living on the farm
- likes to flirt with the farm workers to get some recognition/attention
- has nothing to do on the farm and is bored
- dreams of becoming a movie star

3. Crooks

- is discriminated against by the other farm workers because of his skin color
- has to sleep in a room in the barn
- is lonely because nobody usually wants to spend time with him
- is intelligent and able to read
- cannot find other work because of his skin color and his crooked back
- keeps himself clean and his possessions neat
- is cruel to somebody who is even weaker (Lennie) because of his own desperation

10. Literaturhinweise/Medienempfehlungen

Bezugstext

Der Lektüreschlüssel bezieht sich auf:

Steinbeck, John: Of Mice and Men. Hrsg. von Reinhard Gratzke. Stuttgart: Reclam, 2017 [u. ö.] (Reclams Universal-Bibliothek Nr. 9253).

Übersetzungen

Steinbeck, John: Of Mice and Men. Übers. von Georg Hofer. Frankfurt a. M.: Ullstein, 1970.

Steinbeck, John: Of Mice and Men. Übers. von Elisabeth Rotten. München: dtv, 1987.

Steinbeck, John: Von Mäusen und Menschen und andere Erzählungen. Illustriert von Isabel Große Holtforth. Übers. von Mirjam Pressler. Frankfurt a. M.: Büchergilde Gutenberg, 2002.

Steinbeck, John: Of Mice and Men. Übers. von Mirjam Pressler. München: dtv, 2018.

Bühnenfassungen

Theater: Steinbeck, John: Of Mice and Men. Music Box Theater, New York City (1937). [Adapted play by Steinbeck, directed by George S. Kaufman.]

Oper: Floyd, Carlisle: Of Mice and Men. Seattle Opera, Seattle (1970).

Biographien

Benson, Jackson J.: John Steinbeck. Writer: A Biography. London: Penguin, 1990.

Parini, Jay: John Steinbeck. A Biography. New York: Holt, 1995.

Pehnt, Anette: John Steinbeck. München: dtv, 1998.

Wagner-Martin, Linda: John Steinbeck. A Literary Live. London: Macmillan, 2017.

Interpretationen

Bloom, Harold (Hrsg.): John Steinbeck. Bloom's Modern Critical Views. New Edition. New York: Bloom's, 2008.

Karson, Jill (Hrsg.): Readings on *Of Mice and Men*. San Diego: Greenhaven, 1998.

McParland, Robert: Citizen Steinbeck: Giving Voice to the People. Lanham: Rowman & Littlefield, 2016.

Meyer, Michael J.: The Essential Criticism of John Steinbeck's *Of Mice and Men*. Lanham: Scarecrow, 2009.

Verfilmungen

Of Mice and Men. USA 1939. Regie: Lewis Milestone.

Of Mice and Men. USA 1968. Regie: Ted Kotcheff.

Of Mice and Men. USA 1992. Regie: Gary Sinise.

Internet-Ressourcen

www.steinbeck.org [Homepage des National Steinbeck Center. Hier können einige interessante Informationen zu Steinbeck und seinen Werken gefunden werden.]

11. Zentrale Begriffe und Definitionen

Der amerikanische Traum [The American Dream]: die amerikanische Vorstellung, jeder könne es in einer Leistungsgesellschaft vom Tellerwäscher zum Millionär schaffen, wenn man nur hart genug dafür arbeitet. Vor allem in den USA ist diese Idee des sozialen Aufstiegs verbreitet, weil sie einerseits in den Gründungsdokumenten des Landes (Unabhängigkeitserklärung und Verfassung) angelegt ist und andererseits von prägenden Autoren wie beispielsweise Benjamin Franklin popularisiert wurde.

➤ S. 77

Archetyp [archetype]: typische Grundstrukturen der menschlichen Vorstellungswelt; dies umfasst alle möglichen Bedeutungsbereiche, von Symbolen wie *Kreis* oder *Kreuz* bis zu menschlichen Archetypen wie *die Mutter* oder *der Krieger*.

➤ S. 55

auktorialer/allwissender Erzähler [omniscient narrator]: der Erzähler berichtet über die Ereignisse aus einer allwissenden Perspektive, d. h., er kennt jedes Detail der Handlung, sogar die Gedanken der Figuren.

➤ S. 40

Darwinismus [Darwinism]: ➤ Evolutionstheorie, die vorrangig auf der Annahme des Selektionsprinzips beruht. Dieser entspricht, dass nur die am besten an ihre Umwelt angepassten Lebewesen überleben können.

➤ S. 103

Euthanasie [euthanasia]: Sterbehilfe, abgeleitet vom griechischen Wort *euthanasía* ›angenehmer Tod‹, oftmals ist damit aber auch beschönigend das gezielte Töten bestimmter Menschengruppen gemeint.

➤ S. 103

Evolutionstheorie [theory of evolution]: Die Herausbildung aller heutigen Arten von Lebewesen durch ihre biologische Entwicklung über die Jahrmillionen.

➤ S. 95

Hommage [homage]: eine Ehrerweisung an eine (berühmte) Person in Form von z. B. einem schriftlichen Werk wie ein Gedicht, einem Gemälde, einer Skulptur etc.

➤ S. 63, 106

Konsumgesellschaft [consumer society]: meist kritisch genutzter Begriff für die Gesellschaft industrieller Staaten, in denen die Bürger ihr Glück vorwiegend aus dem Konsum ziehen.

➤ S. 102

Mantra [mantra]: Worte, die immer wieder gesprochen werden, um einer heiligen Kraft Ausdruck zu verleihen; beispielsweise werden Meditationen oft durch das Wiederholen von Mantras begleitet.

➤ S. 11, 49

Monographie [monograph]: eine Abhandlung zu einem einzigen zentralen Thema (Einzelschrift).

➤ S. 99

narzisstisch [narcissistic]: selbstverliebtes Verhalten einer Person, die sich selbst stets am wichtigsten empfindet.

➤ S. 57

Novelle [novella]: eine Textsorte; eine kürzere Erzählung in Prosaform. Verschiedene Theorien zu bestimmten Inhaltsmerkmalen und Längenvorgaben existieren, unterscheiden sich aber teils deutlich und sind nicht universell akzeptiert. Grob gesagt ist eine Novelle länger als eine Kurzgeschichte und kürzer als ein Roman.

➤ S. 7

Parodie [parody]: eine verzerrte, meist witzige Darstellung eines Themas.

➤ S. 105

Play-novelette: eine Novelle, die aufgrund ihres Aufbaus und Inhalts als Theaterstück aufgeführt werden kann. Der Begriff *play-novelette* wurde von Steinbeck geprägt.

➤ S. 7

Popkultur [pop culture]: Abkürzung des Begriffs ›Populärkultur‹; umfasst alle kulturellen Erzeugnisse, die den Alltag bestimmen und vielen Menschen bekannt sind: so beispielsweise neben Musik aus den Charts, Filmen oder Serien auch Markenlogos oder witzige Internetbilder (*memes*).

➤ S. 105

Propaganda [propaganda]: lateinisch *propagare* (dt. ›ausbreiten‹); meist Schriften, Reden oder Poster, die unverhüllte politische Botschaften oder Handlungsaufforderungen beinhalten.

➤ S. 101

Pulitzerpreis [Pulitzer Prize]: jährlich verliehener amerikanischer Literaturpreis mit verschiedenen Kategorien, der vor allem herausragende journalistische, aber auch fiktionale Werke würdigt.

➤ S. 101

Sprachebene [stylistic level]: unterschiedliche Ausdrucksweisen innerhalb einer Sprache, die an die jeweilige Kommunikationssituation angepasst sind. Generell wird grob in eine niedrige, mittlere und gehobene Ebene eingeteilt. Beispielsweise verwendet man in der geschriebenen Sprache eine höhere Sprachebene, beim Sprechen mit Freunden eher eine niedrige.

➤ S. 87

sprechende Namen [telling names]: sprechende Namen bezeichnen den Charakter der Person. Beispielsweise spricht ein Herr Maulfaul wenig oder eine Frau Lieblich ist eine sehr sympathische Person.

➤ S. 22

Weltwirtschaftskrise [The Great Depression]: Zeit großer Armut und sozialer sowie wirtschaftlicher Nöte, ausgelöst durch ein plötzliches und deutliches Abfallen der New Yorker Börsenkurse am sogenannten *Black Tuesday*, dem 24. Oktober 1929; Auswirkungen über gesamte 1930er-Jahre hinweg.

➤ S. 66

Verschlusslaute [plosive]: Konsonanten, die durch ein Stoppen der Atemluft produziert werden, also beispielsweise *p*, *t* oder *k*.

➤ S. 43

Wanderarbeiter [itinerant worker]: meist ungebildete, schlecht bezahlte Arbeiter in sehr kurzfristigen Jobs, die in der Landwirtschaft je nach saisonalem Bedarf aushelfen und nach getaner Arbeit weiterziehen.

➤ S. 44, 67

Zeitsprung [leap in time]: eine Lücke in der zeitlichen Abfolge von Ereignissen, wenn etwa unwichtige oder mysteriöse Handlungen beim Erzählen übersprungen werden (hierfür auch: **Prolepse**, wenn ein bestimmter Zeitabschnitt übersprungen wird, **Analepse**, wenn in die Vergangenheit zurückgesprungen wird).

➤ S. 65